北海道 2024~2025 札幌 函館
地圖隨身

目 錄

北海道地圖隨身
2024~2025 札幌函館
no.081 MOOK

如何使用本書

利用區域編號，方便尋找想要的分區。

景點、美食、購物等介紹直接連結在地圖上，使找路更加方便。

右頁上方標示出分區索引或是單元名稱，翻閱更輕鬆。

編輯或遊客推薦景點，以對話框及黃色特別標示

資訊符號

- 📞 電話
- 💲 價格
- 🏠 地址
- 🚇 交通
- 🕐 時間
- 💻 網址
- 休 休日
- ❗ 注意事項

地圖符號

- 📍 景點
- 🍴 美食
- 🏛 美術館
- 🍜 拉麵
- 🛍 購物
- ☕ 咖啡館
- 🏬 百貨公司
- 🏨 飯店
- 🏞 公園
- 📚 書店
- 🏫 學校
- ⛩ 神社
- ♨ 溫泉
- 🍰 甜點
- 🍡 和風甜點
- ● 遊客中心
- ⚓ 碼頭
- 🚡 纜車
- 🚏 公車站
- 卍 寺廟

本書所提供的各項可能變動性資訊，如交通、時間、價格(含票價)、地址、電話、網址，係以2023年11月前所收集的為準；特別提醒的是，COVID-19疫情期間這類資訊的變動幅度較大，正確內容請以當地即時標示的資訊為主。如果你在旅行中發現資訊已更動，或是有任何內文或地圖需要修正的地方，歡迎隨時指正和批評。你可以透過下列方式告訴我們：

寫信：台北市104中山區民生東路二段141號9樓MOOK編輯部收

傳真：02-25007796

E-mail：mook_service@hmg.com.tw

FB粉絲團：「MOOK墨刻出版」www.facebook.com/travelmook

北海道全圖

知床半島

▲知床岳

ワッカ
原生花園

サロマ湖

◇知床五湖

能取湖

◆能取岬

宇登呂温泉

▲羅臼岳

網走湖

鄂霍次克花栗鼠公園

羅臼町

網走市

女満別機場

335

JR石北本線

334

東藻琴芝櫻公園

240

屈斜路湖

中標津機場

摩周湖

244

根室海峡

阿寒湖

JR釧網本線

阿寒湖畔温泉

雌阿寒岳

雌阿寒
温泉

272

243

根室灣

根室市

241

▲阿寒富士

274

391

44

根室半島

240

丹頂鶴
自然公園

霧多布湿原

274

392

釧路湿原

湯沸岬

JR根室本線

38

釧路温泉

厚岸町

釧路市

釧路機場

太平洋

玩轉雙城 札幌函館滿喫

第一次來北海道，要怎麼逛、怎麼吃、怎麼玩？最推薦同遊札幌與函館，一次看盡最繁華的北海道，體會最優值的北國風情！

Day 1
抵達新千歲機場
⇩
a.大通公園
⇩
b.狸小路

a.大通公園
大通公園是各種活動的主要場地，氣氛熱鬧。繽紛翠亮的綠意以及藝術的雕刻品充滿悠閒氣息，逛街同時還可以欣賞不遠處的札幌地標電視塔。（見P.28）

b.狸小路
狸小路是札幌歷史最悠久、最長的商店街，各家藥妝、名特產店以及餐廳都在這裡，加上營業時間較晚，雖然流行品牌較少，卻也是觀光客必訪的地區。（見P.38）

Day 2
⇩
c.二条市場
⇩
d.モエレ沼公園
⇩
e.藻岩山夜景

c.二条市場
想吃新鮮的美食，一定要早起來市場裡晃晃，就找一間當地人才會進去的食堂，大口大口品嚐北國海鮮的甘美滋味吧！（見P.38）

d.モエレ沼公園
原本平凡無奇的沼澤地裡，被國際藝術家相中，建為現代藝術公園。來到公園與各個作品拍照，留下最美的旅行回憶。（見P.65）

e.藻岩山夜景
搶下三大夜景排名的藻岩山夜景，是札幌近郊最熱門的去處。旁邊便上山來迎接晚霞，接著馬上能欣賞點點燈火，超級浪漫。（見P.62）

Day 3
⇩
f.大沼公園
⇩
g.五稜郭公園
⇩
h.函館山夜景

f. 大沼公園
來到距離函館30分鐘車程的大沼國定公園，則有著寬闊天然的湖泊景色，悠閒漫步其間的散步道亦或乘船遊湖，都能盡情享受這絕美景緻。（見P.96）

g. 五稜郭公園
江戶末期建造的五角星狀城郭——五稜郭，曾是舊幕府軍與新政府軍最後決戰之地。歷史種種可在五稜郭塔內的展示處追憶，還可以登上高塔一探星狀碉堡的全景。（見P.88）

h.函館山夜景
夜晚搭乘纜車登上函館山一覽世界三大夜景，璀璨燈光中找尋幸福傳說，在函館的每一幕都如此值得記憶收藏。（見P.78）

Day 4
↓
i.函館朝市
↓
j.金森紅磚倉庫
↓
k.幸運小丑
↓
l.湯の川溫泉
↓
札幌

j. 金森紅磚倉庫

百年歷史的老倉庫,改建成函館著名的觀光購物街區。分為四棟建築裡各有不同的商店,吃喝玩買,最有名的統統集結在這裡,一次搞定。(見P.80)

i. 函館朝市

有什麼能比得上一早來碗生猛海鮮丼更讓人提神醒腦!充滿活力的朝食藏有不少美食,海膽、鮭魚卵、螃蟹,全都吃到不要不要。(見P.76)

k.幸運小丑

函館當地才有的連鎖速食漢堡店,以特別的中式炸雞堡吸引目光,長年來已經受到函館市民喜愛,成為當地最有代表性的Soul Food。(見P.84)

l. 湯の川溫泉

湯の川溫泉是函館近郊的溫泉街,從函館市街搭巴士只需約15分即可到達,便利的交通,吸引許多遊客順道前來享受泡湯樂趣。(見P.92)

Day 5
↓
m.北海道神宮
↓
新千歲機場

m. 北海道神宮

今天就要回國了,早上來到北海道人的信仰中心北海道神宮走走逛逛,若時間還充裕,可以與周邊的圓山公園、動物園或是咖啡廳等景點串聯。(見P.48)

途中下車
道央景點玩不完

Day 1
抵達新千歲機場
↓
a.札幌市區
↓
b.SAPPORO FACTORY

a. 札幌市區
札幌是北海道第一大城，這座節奏明快的大都會，當然有許多商家進駐，光是札幌車站就與百貨、商場、地下鐵連結，北海道最新店家、最熱門的甜食、最有話題的商品通通都在這裡。(見P.18)

b. SAPPORO FACTORY
發源自開拓使麥酒的SAPPRO啤酒紅遍全球，來到這裡除了可以逛街購物之外，也可以用餐享受美食。夏天在啤酒花園裡喝啤酒、吃烤肉，最是爽快。(見P.37)

Day2
↓
c.小樽運河
↓
d.小樽音樂盒堂本館
↓
e.小樽壽司屋通

c. 小樽運河
小樽豐厚的歷史展現在其街道中，歐式建築、舊時運河，與瓦斯燈組成最迷人的風景。(見P.106)

d. 小樽音樂盒堂本館
美麗的蒸氣時鐘是地標象徵。而堺町通是小樽的鬧街，精緻的玻璃藝品和甜點店大多集中在這裡，街上一間又一間的店家怎麼逛都不會累。(見P.110)

e. 小樽壽司屋通
小樽作為札幌的外港，周邊的漁場能捕獲多種海產，進而發展出豐富的壽司文化。多達20多間的壽司店集中在堺町通與壽司通，品質皆佳。(見P.105)

Day 3
↓
f.新雪谷
↓
g.洞爺湖遊覽船
↓
h.洞爺湖溫泉

f. 新雪谷

新雪谷是北海道的戶外運動聖地，夏天可以泛舟、釣魚、打高爾夫、探訪山中沼澤，或攀登羊蹄山；冬天則是廣大的滑雪場，擁有眺望羊蹄山的絕佳視野，是最美麗的滑雪天堂。(見P.118)

g. 洞爺湖遊覽船

洞爺湖美麗的自然景色令人嚮往，四周群山環繞，自然生態體驗豐富，白天也可以坐船遊湖，是度假休遊的最好去處。(見P.124)

h. 洞爺湖溫泉街

入住洞爺湖溫泉的旅館，下午來到溫泉街區閒晃，吃吃美食，4～10月的花火大會，施放時間是全日本最長，還可以搭船欣賞煙火。(見P.128)

Day 4
↓
i.洞爺湖環湖雕刻公園
↓
j.西山火口散策路
↓
k.Lake Hill Farm
↓
l.登別溫泉

i. 洞爺湖環湖雕刻公園

難得美景，早起來到湖邊散散步吧！全長約40公里的有58座大型雕刻作品，不用一次走完，就近在旅館附近散散步也很開心。(見P.124)

j. 西山火口散策路

日本有許多活火山，洞爺湖畔的西山火口，便可以近距離感受火山噴煙的威力。就在火山科學館後方，可以一同順遊。(見P.125)

k. Lake Hill Farm

美麗悠閒的農場，專賣義式冰淇淋。每天新鮮現作，共有20多種口味可以選擇，來洞爺湖開車兜風的日本人幾乎都會中停這裡休息一下。(見P.126)

l. 登別溫泉

登別地獄可不是真正的地獄，而是處處溫泉，登別溫泉鄉除了各家飯店，還有處處蒸騰著熱氣的景點，大湯沼、地獄谷、奧之湯都是重要景點。(見P.132)

Day 5
↓
m.登別地獄谷
↓
新千歲機場

m. 登別地獄谷

焦黃的坡土、遠方冒煙的山頭，吹來的風聞起來盡是濃濃硫磺氣味，一片荒無的景色被古人稱為地獄。目前規劃的遊步道十分安全，可沿路欣賞奇妙地形與火山活動遺跡。(見P.133)

5天4夜自由行推薦 03

徹底玩翻札幌
做個北國城市通

不喜歡拖著行李大移動，那就專心待在城市裡大玩一番吧！札幌觀光資源豐富，交通便捷，若以後還打算造訪北海道其它城市，不妨這次就專心玩札幌吧！

Day 1
抵達新千歲機場
⇩
a.札幌駅
⇩
b.狸小路

a.札幌駅
札幌駅是進出市區的玄關口，飯店就選在附近，放好行李後，逛逛車站周邊的各大百貨，最熱門、最有話題的商品通通都在這裡。(見P.18)

b.狸小路
狸小路是札幌歷史最悠久、最長的商店街，各家藥妝、名特產店以及餐廳都在這裡，加上營業時間較晚，雖然流行品牌較少，卻也是觀光客必訪的地區。(見P.38)

Day 2
⇩
c.北海道大學
⇩
d.大通公園
⇩
e.札幌電視塔

c.北海道大學
北海道大學歷史悠久，廣大的校園一年四季都有不同風情，還可以參觀博物館，或是到不遠的植物園欣賞花卉，周遭也有許多咖啡餐飲店。(見P.56)

e.札幌電視塔
紅色的地標電視塔不但開放登塔望遠，還有許多可愛的紀念品可以購買，沒有來過就不算來過札幌哦。(見P.28)

d.大通公園
總長約1.5公里的大通公園是市中心的花園，繽紛翠亮的綠意以及藝術的雕刻品充滿悠閒氣息，不僅可以在此小憩，公園兩旁也是熱鬧的Shopping街道。(見P.28)

Day 3
↓
f.定山溪
↓
g.薄野

f. 定山溪

距離札幌只要1小時的車程，便能領略到完全不同於城市的度假地風情，很適合來個一泊二日，或是日歸小旅行。(見P.66)

g. 薄野

薄野是札幌著名的不夜城，拉麵、螃蟹、壽司、居酒屋、烤肉…想得到的美食店家在這裡都能找到，就連甜點店也是營業到深夜。(見P.44)

Day 4
↓
h.円山動物園
↓
i.白色戀人公園
↓
j.羊ヶ丘展望台

h. 円山動物園

起個大早，來動物園找可愛的大白熊玩吧！附近還有近代美術館、北海道神宮等著名觀光地，玩個半天都沒問題。(見P.48)

j. 羊ヶ丘展望台

一望無際的綿延山坡，點點白色的綿羊自由地奔跑，越過綿羊們望見美麗的札幌風景十分美麗。傍晚來此賞景後可以就近品嚐成吉思汗烤羊肉。(見P.65)

i. 白色戀人公園

知名的北海道伴手禮白色戀人的主題園區，除了可以購買商品外，還可以參加多種手作體驗，想一探白色戀人的奧秘，就不能錯過這裡。(見P.64)

Day 5
↓
k.中島公園
↓
l.新千歲機場

k.中島公園

離開前的早上，來到公園好好散散步吧。參觀完豐平館後，到音樂廳欣賞樂曲，再到咖啡廳坐坐，悠閒的行程就此劃下句點。(見P.60)

l.新千歲機場

新千歲機場不只是機場，同時也是結合美食、購物與玩樂的新景點！不妨比預計的時間再早一點到機場，把握時間再多感受北海道的美好吧！

北海道必買伴手禮15 LIST

來到北海道，怎麼可能兩手空空回國呢？
不能把新鮮肥美的帝王蟹或是香甜欲滴的夕張哈蜜瓜帶上飛機沒關係，
北海道還有數不清的銘菓、伴手禮、特色商品等著你帶回家。

六花亭

　　來自北海道十勝的六花亭，已是眾所皆知的北海道點心代表品牌，美味的點心配上美麗的包裝，可說是最佳伴手禮。最為推薦的三樣人氣商品──奶油卡布奇諾餅乾、葡萄乾奶油餅乾以及雪やこんこ，其中，葡萄乾奶油餅乾最為熱賣，喜歡巧克力的人則推薦雪やこんこ。
網址：www.rokkatei.co.jp

明信片

　　日本郵局推出的當地明信片十分受到歡迎，分別以日本各地代表景點、美食、特有生物等為設計概念，在日本各都道府縣推出獨一無二的可愛明信片，而且還只限當地販售。北海道有紫丁香花、玉米、北狐、木雕熊以及時計台等5款造型，因為大部分的郵局都只有同時販售其中2~3種，如果想一次集滿，建議可以在景點區的攤販或是大型購物中心內的郵局試試！

ROYCE' 生巧克力

　　ROYCE'的商品以巧克力為中心，融合鮮奶油與的ROYCE生巧克力可說是不敗品項。冰涼的生巧克力在口中漸次融化，巧克力與奶油香味在口中融合，加上淡淡的香檳與威士忌讓風味更提升。生巧克力口味多達14種，又以牛奶(オレ)口味最受歡迎。機場也有賣店，可順購保冰袋裝進去，將美味分享親友。
網址：www.royce.com

白色戀人

　　石屋製菓最熱賣的產品──白色戀人，擁有濃濃奶香的巧克力餅乾，分為白巧克力和黑巧克力兩種口味，是北海道最負盛名的人氣伴手禮。
網址：www.ishiya.co.jp

morimoto

　　60年老店morimoto以麵包店起家，來自農牧發達的千歲，因此點心和麵包的原料都是親選自生產者。主打的番茄果凍，亮麗的顏色彷彿吸收了北海道的大地與陽光，有著極為濃厚的香氣和天然甜味。
網址：haskapp.co.jp

北菓樓

　　北菓樓超美味的泡芙是必吃名物，若是要帶伴手禮回家，則推薦北海道開拓おかき(米菓)與年輪蛋糕妖精之森。前者從磨米、蒸煮、油炸到調味，需要費時7天才能完成，口味則為秋鮭、扇貝、甜蝦等海味，每一種都越吃越順口；後者鬆軟香甜，讓人一試就愛上。
網址：www.kitakaro.com

POTATO FARM

超熱賣的薯條三兄弟就是由POTATO FARM所生產，香脆紮實的口感和濃濃的馬鈴薯香氣，令不少人大讚比現炸的還好吃！另外，いも子とこぶ太郎的酥脆薄洋芋片，還有期間限定的薯塊三姊妹也十分美味。

網址：www.calbee.co.jp/potatofarm/

HORI

HORI生產的PURE JELLY，不只聞起來有濃郁的哈密瓜香氣，連吃起來也像在吃真的哈密瓜一般，一口吃下便感到無比幸福。除了哈密瓜果凍以外，還推出了包有哈密瓜夾心的巧克力。巧克力表面印有北海道的形狀，中間則是香甜的哈密瓜果漿，巧克力與哈密瓜結合的滋味，香甜得讓人陶醉。

網址：www.e-hori.com

YOSHIMI

YOSHIMI的熱門商品「カリカリまだある？」以及「札幌おかきOH！焼とうきび」，前者香辣過癮，後者則重現了烤玉米的迷人香氣，還可吃到整顆玉米。

網址：www.yoshimi-ism.com

KINOTOYA

KINOTOYA製作的札幌農學校，為北海道大學的指定商品，是讓人回憶起札幌往昔、口味純正的北海道牛奶餅乾。另一項招牌「酪農起司布丁」口感濃醇，素材選自美瑛產的牛奶、北海道產的馬斯卡邦起司與法國的奶油起司，在這小小玻璃瓶中的布丁嘗起來真是大大的滿足！

網址：www.kinotoya.com

北かり

發源旭川的老舖北かり，招牌就是花林糖。這項旭川傳統點心吃起來有點像台灣的麻花，麵粉與糖的焦香加上爽脆口感，還有黑糖、起司、昆布等多種口味，很適合作為茶點。

網址：www.kitakari.co.jp

小樽玻璃 音樂盒

小樽晶瑩剔透的玻璃製品是不可錯過的美麗藝品，從杯盤到精巧的小飾品應有盡有。此外，在小樽還可以親自製作音樂盒，可自選造型及音樂，留下旅途的美好回憶。

柳月

來自十勝的柳月，擅長的是和菓子和和洋折衷的蛋糕類點心。以北海道的白樺樹為聯想的三方六，使用十勝小麥和北海道產的奶油、雞蛋製作出年輪蛋糕的蛋糕體，外層用黑白巧克力描繪了白樺的樹皮色彩，甜蜜不膩，也有推出限定口味。

網址：www.ryugetsu.co.jp

熊出沒注意

北海道以未受污染的大自然自豪，濃密的原始森林裡真的有許多棕熊出沒，被目擊到出現在馬路旁也是時有所聞，「熊出沒注意」就是由此而來的警語。黃底黑熊的圖案還做成T恤、貼紙、手提袋、泡麵等，頗能博君一笑。

木製品

北海道的木製相關產業十分發達，各式可愛小物、生活用品精緻細膩，以平實的價格即可買得到，而愛奴族的木雕作品則充滿純樸感，傳說使用同一塊木頭雕成的男女能帶給人美好姻緣，是最佳的伴手禮選擇。

北海道 吃貨必達15 LIST

北海道的美食之多，就算是出一本書來專門介紹也不為過，
在這裡就推薦你最經典的北國必吃定番以及限定美食，不要再屈就觀光餐廳，
和我們一起繞進小巷、在市區穿梭，在美食王國北海道，尋找味覺的感動吧！

爐端燒
炉端焼き

　　爐端燒就是將新鮮的魚貝類直接放在網上，灑上鹽或是醬汁，以爐火慢慢燒烤的一種料理。沉浸在海鮮碳烤香氣中，坐在爐邊現烤現吃，超有氣氛。

成吉思汗
ジンギスカン

　　北海道傳統的烤羊肉，使用中間有弧形隆起的專用鐵鑄鍋燒烤。羊肉吃起來不腥不羶，加上豆芽菜、高麗菜、洋蔥等蔬菜增添甜味與水分，連不敢吃羊肉的人都為之著迷。

湯咖哩
スープカレー

　　香氣四溢的湯咖哩有著難以形容的美妙滋味，各家湯咖哩以獨家配方香料，用蔬菜、豬肉等各種食材熬出香甜湯汁，定番菜單就是加入雞腿和道產季節蔬菜，既美味又健康。

洋菓子

　　洋菓子最講究的素材如新鮮牛奶、奶油、砂糖、雞蛋及麵粉，在北海道樣樣不缺。職人們發揮創意，運用當季食材作出的華麗水果派、美味泡芙、香濃布丁等，使北海道甜點擁有高度品牌知名度。

壽司
すし

　　北海道鮮美海鮮做成的壽司引人食欲，繽紛的壽司讓人眼花撩亂，每每猶豫著選這個好呢？還是挑那個好？到最後總是味覺戰勝理智：「老闆，通通來一盤！」，這就是壽司的魅力。

螃蟹
かに

　　來到北海道絕對不能錯過肥美的螃蟹，帝王蟹、毛蟹、松葉蟹…光想到就讓人食指大動，想一次吃個過癮，可到餐廳點份超豐盛的會席料理、到市場現點活蟹現煮現吃，或是到吃到飽餐廳飽嘗三大蟹。

海鮮丼
かいせんどん

飯上滿滿鋪著鮭魚卵、蟹肉、海膽、生魚片…誘人的光澤與分量超多的海鮮呈現眼前，任誰都無法抵抗它的誘惑。

拉麵
らーめん

北海道三大拉麵：札幌味噌拉麵、函館鹽味拉麵、旭川醬油拉麵各有特色，味噌香濃、鹽味清爽，醬油則充滿鮮美滋味，還有近年被列為第四大的釧路拉麵，不論哪種拉麵，大多以豚骨或雞骨為底加上各家秘方，香醇美味讓人難以抗拒。

冰淇淋
アイスクリーム

到牧場之國旅行的一大樂趣，就是一路尋找各地限定、口味特別的濃濃牛奶冰淇淋。冰品奇妙繽紛，從標準的牧場牛奶霜淇淋，到薰衣草、哈密瓜、起司甚至南瓜等口味，帶來不同的趣味及驚喜。

奶油馬鈴薯
じゃがバター

北海道的農業發達，種植出來的馬鈴薯也特別好吃，其中又以男爵馬鈴薯為代表，口感又香又甜，加上奶油提味更是絕配。沾點塩辛(鹽漬魚貝及內臟)也意外地契合。

哈密瓜
メロン

哈密瓜在日本人的心目中為最高級的水果，而夕張的哈密瓜更為名品中的名品，還可做成哈密瓜霜淇淋、牛奶糖、果凍和餅乾等。遇上7~9月盛產期時，一定要到市場買片哈密瓜來過過癮。

乳酸飲料
ソフトカツゲン

由雪印生產的ソフトカツゲン是北海道限定的乳酸飲料，嚐起來的味道比一般市面上的乳酸飲料還香醇，讓人一喝就愛上。其實ソフトカツゲン在昭和初期原本是士兵的營養補給飲料，到了1956年才開始對一般消費者販售，現在普及的程度在北海道各大便利商店及超市幾乎都可找到，下次就來試試北海道人喜愛的酸甜滋味吧！

墨魚飯
いかめし

若不想吃生的墨魚，就買個墨魚飯吧！這是在日本非常受歡迎的鐵路便當，在北海道函館本線的森駅有販賣。一整隻的墨魚裡面塞滿了飯，非常的彈牙，墨魚管煮得又非常入味，由於太受歡迎，常常銷售一空，要有買不到的心理準備喔。

SAPPORO 啤酒
さっぽろビール

日本知名酒廠SAPPORO BEER是發源於北海道的品牌，當然一定要販售北海道限定的啤酒來滿足北海道人囉！SAPPORO CLASSIC就是其中最知名的品項，100%使用麥芽、完全不添加副原料的生啤酒，喝來甘甜不苦澀，除了精選原料外，釀造過程也是極其講究，也難怪如此受到歡迎。另外，新推出的SAPPORO北海道PREMIUM也是人氣商品之一。

玉米
とうきび、とうもろこし

夏天來到北海道一定要嚐嚐盛產中的玉米，無論是烤的、煮的，還是生吃的，香甜多汁保證一試就會愛上。

札幌駅

さっぽろえき Sapporo Station

現代化高樓林立 流行時尚店鋪令人流連

> 北海道第一大城的札幌呈現出簡潔、明快的都會感。札幌車站連結百貨、商場、地下鐵，還有最新的札幌地標JR TOWER，從旅館即可通往地下街，再一路走到車站、各大百貨公司，就算外頭刮風下雪也可以逛得盡興。

ACCESS

電車
JR札幌駅：函館本線、札沼線、千歲線
地下鐵「さっぽろ」站：南北線、東豐線

地圖地標

↑往北12条駅

北海道さっぽろ「食と観光」情報館

計程車搭車處

1 西改札口 **札幌駅** 東改札口

海道大学

清華亭

北7条通

北6条通

Yodobashi Camera（ヨドバシカメラ）

JR函館本線

JR TOWER

JR TOWER

JR INN札幌 JR55

大丸

札幌駅前バスターミナル（巴士總站）

KEIO PLAZA HOTEL

爐

紀伊國屋

STELLAR PLACE

APIA（地下街）

ESTA **2**

↓往小樽

三井ガーデンホテル札幌

北五条手稲通

佐藤水産

串鳥

北五条手稲通

さっぽろ駅（札幌駅）

六花亭本舗

東急

POLESTAR SAPPORO

札幌かに本家（札幌蟹本家）札幌駅前本店

北大植物園

北4条通

さっぽろ駅（札幌駅）

北海道庁

NOASIS3.4

炭焼、海鮮、手工豆腐 MAIDO！

植物園入口

北海道庁旧本庁舎

Akarenga Terrace

Cross Hotel Sapporo

雪印パーラー（雪印Parlor）

北海道警察本部

道議会議事堂

北3条通

札幌駅前通

SAPPORO GRAND HOTEL

味の時計台

北2条通

西7丁目通

中央署

GRAND HOTEL別館

時計台

北菓樓本舗

時計台前

北1条宮の澤通

北1条雁來通

230

札幌市役所

往大通駅↓ 往大通駅↓

> 趁著候車空檔大肆採買吧！

---

1 札幌駅

🏠 札幌市北区北6条 ☎ 011-222-6131 ⏰ 札幌駅 5:30~24:00，其他依各設施而異 🌐 www.jrhokkaido.co.jp、www.jr-tower.com

JR北海道與札幌市地下鐵南北線、東豐線共構的札幌駅，是札幌的交通樞紐，也是旅客們由新千歲機場正式進入札幌市區時，對札幌的第一印象。擁有玻璃帷幕的車站色調明亮，站內外放置有不少公共藝術作品。除作為車站外，札幌車站也**與大丸百貨、STELLAR PLACE、地下街APIA、paseo和ESTA等眾多商業設施相連結**，不論逛街或吃飯都相當方便，是札幌最熱鬧的地方之一。

四季彩館 札幌東店

🏠 札幌市北区北6条西4 JR札幌駅東大廳北口 ☎ 011-219-1554 ⏰ 7:00~20:00 🌐 www.hkiosk.co.jp/shop/hokkaido_shikisaikan_sapporohigashi/

四季彩館為土產店與便利商店的結合，店內羅列近2000種商品，豐富多樣的選擇中不但有北海道定番土產，還有北海道限定點心、吉祥物周邊商品與駅弁(車站便當)，**早上7點營業到晚上8點才打烊**，不管是趕搭電車的人，或是即將離開札幌時才想到要買伴手禮的人，都能在這裡快速找到想要的商品。

> ESTA是車站直結的流行商場，想知道札幌最新流行，到這裡準沒錯。

小編激推

② ESTA

⊙札幌市中央区北5条西2　☎011-213-2111　◎購物10:00~21:00、餐廳11:00~22:00(依店家而異)　⊕www.sapporo-esta.jp

位於車站東翼的大樓ESTA，從B2到10樓都有吸引人的賣點。B2的百元商店Can☆Do有令人驚喜的便宜貨；**B1食品大街在甜點部分的精彩程度絕不亞於大丸**，1~4樓為大型電器行BIC CAMERA、5~8樓有品牌服飾，其中5樓是UNIQLO，10樓則是餐廳街和美味拉麵的集合地「札幌拉麵共和國」。

札幌ら～めん共和国

⊙ESTA 10F　☎011-213-2711~8　◎11:00~22:00（L.O 21:45）　⊕www.sapporo-esta.jp/shop_detail/423

充滿昭和時代懷舊氣氛的拉麵共和國位於札幌ESTA 10樓，裡面**集合了以北海道各地為主的八家精選拉麵店**，包括札幌味噌拉麵專門店「白樺山莊」、函館的鹽味拉麵「あじさい」和旭川醬油拉麵「梅光軒」，也常有新店開幕。

> 眾多卡通人物的周邊商品讓人驚呼可愛。

Loft エスタ店

⊙ESTA 6F　☎011-207-6210　◎10:00~21:00　⊕www.sapporo-esta.jp/shop_detail/205

豐富多樣的商品和精緻的品質是Loft的魅力所在，井然有序的空間規劃和商品分類，讓顧客既可以愉悅舒適地享受逛街時光，也能在趕時間的時候很快地找到自己想要的商品。在這裡，你可以**一次蒐羅各種品牌的文創商品**，包括稀有顏色的色筆、專業的製圖器具及充滿設計感的文具，也能盡情探索日本時下流行的美妝產品、居家雜貨和實用小物。

ESTA大食品街

⊙ESTA B1　◎10:00~21:00　⊕www.sapporo-esta.jp/floor_map_12

札幌站前ESTA擁有豐富的北海道點心選擇，北菓樓泡芙、帶廣柳月的三方六、菓か舍的北極熊奶油仙貝……數不清的美味絕對會讓喜愛甜品的人眼睛發亮、幸福無比。**不用跑遍全北海道，在這個樓層中就能享用到各地名菓**，快走進這裡，嘗嘗各家名店的定番商品吧！

↑往北12条駅　　　　　↑往北13条東駅

石の蔵ぎゃらりぃ はやし
(石造倉庫藝廊林)

北8条通

北7条通

●計程車搭乘處

北海道大学
●清華亭

北6条通

北海道さっぽろ
「食と観光」情報館

東横INN
札幌駅北口

Yodobashi Camera
(ヨドバシカメラ)

西改札口　札幌駅　東改札口

paseo

JR函館本線

大丸 ①　　JR TOWER　　JR TOWER HOTEL　　産地直送 北海道

JR INN札幌　●JR55

KEIO PLAZA
HOTEL

地下鉄南北線

③
STELLAR
PLACE

ESTA

札幌駅前
バスターミナル
(巴士總站)

Sapporo St

T38

●爐

紀伊國屋

三井ガーデン
ホテル札幌

APIA(地下街)

北五条手稲通

③

④

⑱

佐藤水産

北五条手稲通

六花亭本舗

⑥

⑤

串鳥

東急

⑲

⑳

⑬

㉓

創成川通

北大植物園

POLESTAR
SAPPORO

⑧

北4条通

⑭

⑰

⑳

⑳

㉑

札幌全日空ホテル

北海道庁

さっぽろ駅(札幌駅)

⑨
札幌かに本家
(札幌蟹本家)
札幌駅前本店

㉔

さっぽろ駅(札幌駅)

東横INN
札幌駅南口

②　NOASIS3.4

北海道庁旧本庁舎

炭焼、海鮮、
手工豆腐
MAIDO！

HOTEL MONTEREY
EDELHOF札幌

植物園入口

北3条通

Cross Hotel
Sapporo

地下鉄東豊線

Akarenga
Terrace

雪印パーラー
(雪印Parlor)

⑤

北海道警察本部●

札幌駅前通

創成川

北2条通

SAPPORO
GRAND HOTEL

味の時計台

中央署

時計台

時計台前

中央署

GRAND
HOTEL別館

地下鉄南北線

北1条雁来通

時計台前

⑫

北

精準潮流與多
樣美食，就是
大丸吸引顧客
的秘訣。

北1条宮の澤通

往大通駅　　往大通駅

札幌市役所

札幌市民ホール

小編激推

① 大丸札幌店

🏠 札幌市中央区北5条西4-7　☎ 011-828-1111　🕙 10:00~20:00、8F美食街 11:00~22:00，營時依店家而異　✖ 1月1日

www.daimaru.co.jp

　札幌大丸百貨開業於2003年，是大丸百貨6間主力店鋪之一，也是道內人氣最旺的百貨，在2009年更打敗其他百貨老舖，一舉成為札幌最賺錢的百貨。除了agnés b.等品牌，這裡最吸引人的還有B1美食樓層。除了**北海道各家甜點名物，每晚打烊前大幅降價的各種精緻熱食和美味便當**，更是主婦和旅客的最愛。

大丸百貨限定菓子

F CUP雪布丁

在著名的北菓樓，則可嘗到超特別的新食感甜點——「雪布丁」，共有兩種口味，其中「F CUP雪布丁(Fカップゆきプリン)」澎如棉花糖般的cream cheese下方，依序鋪著新鮮莓果、威風蛋糕和軟呼呼的牛奶布丁，鮮乳的香濃與水果的酸甜，混合出充滿層次的口感，令人驚喜。

北海道牛乳花林糖

東京必買伴手禮——麻布かりんとの花林糖(かりんと)，在大丸札幌店也出了限定的北海道牛乳風味。花林糖是一種香酥餅乾裹上砂糖或黑糖的傳統點心，口感類似台灣的春棗，麻布かりんとの口味多達50幾種，美麗高雅的和紙包裝也非常適合拿來送禮。

複合式的商城內寬敞明亮，是札幌流行風潮的另一據點。

③ STELLAR PLACE

🏠 札幌市中央区北5条西2　📞 011-209-5100　🕐 10:00~21:00，6F餐廳街11:00~23:00(依店家而異)。　🔗 www.stellarplace.net

　與札幌駅共構的百貨STELLAR PLACE，明亮的空間裡充滿了時尚氛圍，可愛的包包、配件、帽子、衣飾等樣樣不缺，**HUF、BEAVER、COMME ÇA STYLE、XLARGE、HUF、 BEAVER 等年輕人喜愛的品牌齊聚，是札幌流行文化的發信地**。6樓的餐廳街也有不少本地名店，另外，在CENTER7~8樓還有北海道規模最大的電影院，吃喝玩樂一次滿足。

TOMIZ富澤商店

🏠 STELLAR PLACE CENTER 4F
📞 011-209-5193　🔗 tomiz.com

　喜愛親手烘焙糕點的旅客，可千萬別錯過在日本擁有多家直營店鋪、深受料理迷歡迎的富澤商店！位於STELLAR PLACE的分店，2012年開幕，是**北海道首家也是唯一的櫃點**。在富澤商店中，光來自各地的麵粉就佔據了一整個大櫃子，更別提各種好用的烘培用具、形狀豐富的餅乾模具與天然食材了！如果你是個手作西點控，不妨帶幾包北海道的道地天然酵母回家試試，也許會讓你的廚房飄出獨有的北國香氣喔！

除了多種魚乾、果乾和甜點麵包的材料，還有義大利、中華風的食材。

回轉寿司 根室花まる

🏠 STELLAR PLACE CENTER 6F　📞 011-209-5330
🕐 11:00~23:00　💲 壽司1盤￥140起　🔗 www.sushi-hanamaru.com

　在STELLAR PLACE 6樓的迴轉壽司店根室花丸因為交通超級方便，是札幌甚至全北海道隊排最長的壽司店，熱門用餐時段等上100分鐘可說是司空見慣。**店裡的海膽、牡丹蝦、鱈場蟹、炙燒鮭魚肚等海鮮從根室、小樽等漁港直送**，以一盤140~420日幣的價格實惠供應，座位上也都備有紙筆，可以直接手寫點餐。

超新鮮的美味海產，讓人就算排很久也一定要吃到！

小編激推

② NOASIS 3.4

🏠 札幌市中央区北3条西4-1-1　📞 011-218-3005　🕐 依店家而異　🔗 www.nissay-sapporo.com

　札幌市內除了百貨、地下街以外，還有隱藏在辦公大樓內的商業設施。NOASIS 3.4就是位在日本生命札幌大樓內的空間，1~4樓內有不少店鋪入駐，尤其**地下一樓內更有許多餐飲名店**，包括函館的うに むらかみ、旭川的豬排老店井泉，也有大戶屋、松尾成吉思汗等店家，選擇豐富且每一家都有響亮名聲，也是用餐時的好去處。

① APIA

⌂札幌市中央区北5条西3~4
☎011-209-3500　🛒購物
10:00~21:00、餐飲11:00~21:30(
詳細時間依店家而異)　🌐www.
apiadome.com

　在JR札幌車站通往地下鐵札幌站的地下空間,不僅
具有連絡通道的功能,更是超大型的購物、餐飲複合廣
場APIA。很難想像這裡竟然有**超過100間的店鋪比鄰
而居**,西側為餐飲店鋪與化妝品的聚集地,其中還有平價
美味店鋪なか卯與吉野家;東側的CENTER空間則更為
熱鬧,書店、藥妝店、雜貨舖、服飾店全都齊聚一堂,誘
惑著路過或是前來造訪的民眾大買特買。

JOYPORT アピア札幌店

⌂APIA CENTER地下街Culture Walk(近札幌駅南口)　☎011-209-1331
🕙10:00~21:00　🌐joyport.jp

　無論你是喜歡療癒系狗狗的犬派,還是受到貓咪慵懶魅力吸引的貓
派,來到這裡都一定能讓你無比開心,**蒐集了近2000件貓狗商品的
JOYPOR**T,布偶、食器、玩具、服飾、提袋……琳瑯滿目的可愛貓狗
身影,看了直叫人心花怒放。其中亦不乏北海道少見的特殊商品,來
到這裡就盡情地血拼吧。

可愛的和風小物，為居家增添優雅風情。

NATURAL KITCHEN &. アピア札幌店

📍APIA CENTER地下街FASHION WALK　📞011-209-1370　🕐10:00~21:00　🌐www.natural-kitchen.jp

小編激推

說到百圓商店，在你腦中浮現的形象可能是簡單的賣場裝潢，與金屬商品架上琳瑯滿目的超值日用品。而同樣為連鎖百圓商店的NATURAL KITCHEN &.，將會顛覆你對百圓商店的印象！要是不特別說，它**看起來就是女孩們最愛的日式雜貨屋**，無論店面佈置或商品都充滿了溫馨可愛的氛圍，散發著迷人的鄉村風格。從餐巾、杯子到蕾絲緞帶、刺繡杯墊等小物，皆可在此找到。

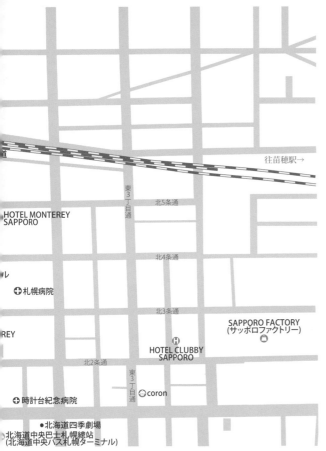

腳下燈光燦爛，不分日夜，美麗景色讓人難忘。

2 JR TOWER展望室T38

📍札幌市中央区北5条西2-5 JR TOWER 6F入場　📞011-209-5500　🕐10:00~23:00(入場至22:30)　💰大人¥740、國高中生¥520、小孩¥320、3歲以下免費　🌐www.jr-tower.com/t38

小編激推

位於札幌車站東側的JR TOWER共有38層樓，海拔173公尺，為**北海道最高的建築**。大樓的22~36樓為JR TOWER HOTEL，由6樓則可以搭乘電梯前往位於38樓的JR TOWER展望台T38。**T38擁有360度的遼闊視野，白天能由北側欣賞飛機起降，夜晚的燦爛夜景則為情侶約會的首選**，還有不定期舉辦的「天空音樂會」，僅憑展望台的票券就能入場享受夜空下的浪漫樂聲。此外，能將街景盡收眼底的「展望廁所」也是一大特色，男性有機會務必試試。

使用道產原料的好滋味。

小編激推

3 一粒庵

📍JR札幌駅南口徒步5分　📍札幌市中央区北四条西1-1（ホクレンビルB1）　📞012-021-9313　🕐11:00~15:00、17:00~21:00　🚫不定休　🍜元気のでるみそラーメン（小）¥1,000　🌐www.ichiryuan.com

隱身於地下一樓，一粒庵的店主特地選用以道產原料製作、經過多年熟成的「米こうじみそ」，煮出有著鮮明味噌香氣的甘口湯頭，再把有「北海道山蔬之王」美名的「**行者にんにく(茖蔥)**」與道產豬絞肉一起翻炒，**搭配微甜的炒蛋、爽脆豆芽**，就是香氣鮮明又滋味溫和的一品，講究的美味還曾被2012年的《米其林指南北海道特別版》收錄呢。

往苗穂駅→

東3丁目通

北5条通

HOTEL MONTEREY SAPPORO

✚札幌病院

北4条通

REY

北3条通

SAPPORO FACTORY（サッポロファクトリー）

🅷 HOTEL CLUBBY SAPPORO

北2条通

東3丁目通

✚時計台記念病院

●coron

●北海道四季劇場

北海道中央巴士札幌總站（北海道中央バス札幌ターミナル）

[Map labels]

↑往北12条駅　　　↑往北13条東駅

石の蔵ぎゃらりぃ はやし
(石造倉庫藝廊林)

北海道大学

清華亭

北8条通

北7条通

北海道さっぽろ
「食と観光」情報館

●計程車搭車處

北6条通

東横INN
札幌駅北口

Yodobashi Camera
(ヨドバシカメラ)

西改札口　札幌駅　東改札口

JR函館本線

大丸

JR TOWER

JR TOWER HOTEL

産地直送 北海道
Sapporo St

KEIO PLAZA
HOTEL

JR INN札幌

JR55

地下鉄南北線

STELLAR
PLACE

札幌駅前
バスターミナル
(巴士總站)

T38

往小樽

爐

紀伊國屋

APIA(地下街)

ESTA

三井ガーデン
ホテル札幌

北五条手稲通

③

④

佐藤水産

串鳥

⑲

北五条手稲通

⑥

⑤

東急

⑳

六花亭本舗

⑧

さっぽろ駅 札幌駅

⑭

㉓

北大植物園

POLESTAR
SAPPORO

北4条通

⑨

札幌かに本家
(札幌蟹本家)
札幌駅前本店

㉑

さっぽろ駅 札幌駅

札幌全日空ホテル

北海道庁

⑩

NOASIS3.4

⑱

㉒

東横INN
札幌駅南口

植物園入口

北海道庁旧本庁舎　❶

北3条通

炭烤、海鮮、
手工豆腐
MAIDO！

創成川通

北海道警察本部

Akarenga
Terrace　❷

札幌駅前通

Cross Hotel
Sapporo

地下鉄東豊線

HOTEL MONTEREY
EDELHOF札幌

道議会議事堂

雪印パーラー
(雪印Parlor)

創成川

北2条通

味の時計台

SAPPORO
GRAND HOTEL

北菓樓本舗

中央署

GRAND
HOTEL別館

時計台

北1条宮の澤通

北1条雁來通

時計台前

⑫

地下鉄南北線

札幌市役所

往大通駅

往大通駅

●札幌市民ホール

[Info box 1]

❶ 北海道廳舊本廳舍

⌂ 札幌市中央区北3条西6　☎ 011-204-5019
8:45~18:00　全年無休　免費　www.pref.
hokkaido.lg.jp/sm/sum/sk/72039.html

　北海道廳舊本廳舍即是過去的北海道政廳，也就是
北海道整體的行政中樞。屬於新巴洛克式建築，**紅磚外
牆、青銅圓頂、細膩角塔和獨特的屋頂設計，構成道
廳均衡優美的外觀，內部的典雅裝潢、各種史料和過
去的知事辦公室等也都開放免費參觀。**道廳曾經過多
次的火災與重建，現在所看到的建築是依據明治21年
(1888年)時道廳的造型所復原完成的，高達33公尺的建
築可是當時日本數一數二的「大樓」呢。在復原完成的
隔年，道廳也被選為日本的重要文化財。

[Info box 2]

❷ Akarenga Terrace紅磚露台

北海道美食
餐廳大聚集，
想吃什麼，到
這裡準沒錯。

⌂ 札幌市中央区北2条西4-1　☎ 011-211-6200　各店
營業時間不一，藝廊&展望台10:00~20:00(展望台冬季12
月~3月可能因下雪而不開放)　mitsui-shopping-park.
com.t.act.hp.transer.com/urban/akatera/index.html

　位於北海道舊本廳前的銀杏大道邊，紅磚露台是
一棟棟結合飯店、辦公室及美食、公共空間的綜合商場，
自2014年8月開幕後，就成了許多札幌人的最愛，5層樓的商
場空間內，**集結27家北海道人氣餐廳美食與商店以外，還有2樓的
Atrium Terrace及頂樓戶外展望台，都可免費進入與使用。**

小編
激推

> 這個免費空間比咖啡館還漂亮，提供桌燈之外還有免費WIFI。

Atrium Terrace

🏠 Akarenga Terrace 2F　⏱ PariRu Cafe 8:30~22:30(L.O.22:00)

　面對著舊本廳舍前三条廣場的Atrium Terrace，超挑高的空間，加上通透的玻璃帷幕，不但將外面廣場上的銀杏道綠意引進來，室內空間也有樹木點綴其間，而這麼**舒適的區域卻是完全免費自由入座的**。旅人可以來這裡打打電腦、休息小憩，或是三五好友在這裡聊聊天，渴了餓了，一旁也有PariRu咖啡輕食吧，不論白日夜晚，風情各不同。

> 炸雞跟麻婆豆腐好難選的話，也有2者的套餐組合，千元有找

中国料理 布袋

🏠 Akarenga Terrace 3F　☎ 011-206-4101　時間：11:00~15:00、17:00~~22:00 (L.O. 21:30)　📅 依紅磚露台休日而定　💰 布袋ランチB(午間定食B)¥910　🌐 zangihotei.com

　以炸雞及中華料理知名的「中国料理 布袋」，除了本店外，在紅磚露台裡也有一家分店，想一嚐這CP值高又美味的家常料理的話，更加便利。**炸到外酥內嫩、雞肉又充滿肉汁的美味，是20多年來店內的人氣首選**，大份量的各式定食提供，也讓食量大的人不會擔心吃不飽，除了炸雞，麻婆豆腐也是人氣推薦。

mont.bell

🏠 Akarenga Terrace　1F、B1F　☎ 011-223-1505　⏱ 10:00~21:00
🌐 www.montbell.jp

　廣受台灣人喜愛的**日本知名戶外品牌mont.bell，台灣與日本將近30%的價差**，讓許多人來日本都要帶個幾件回去。品牌創於1975年，致力於高機能、輕量與設計美，成了品牌精神。這家包含1樓及B1樓層的空間，可說是北海道最大賣場，一字排開色彩多樣、款式眾多的各式戶外用品，讓人眼花撩亂，尤其領尖世界的超輕量羽絨衣，更是許多人必買標的物。

❶ 北菓樓 札幌本館

🏠 札幌市中央区北1条西5-1-2　☎ 012-089-3925　🕐 1樓店鋪10:00~18:00，2樓咖啡店10:00~17:00(L.O.16:30)　🌐 www.kitakaro.com

由建築大師安藤忠雄改造，飄散風雅的沙龍氛圍。

小編激推

2016年3月新開幕的北菓樓 札幌本館，以建於大正15年的舊文書館別館改造而成，**透過建築大師安藤忠雄之手，變身為宛如文學音樂沙龍的優雅洋果子咖啡館**。兩層樓的建築裡，1樓賣店陳列了北菓樓全系列商品，還有本店限定商品。2樓的挑高空間則是咖啡館，有著令人印象深刻的大片書牆與自然採光，浪漫氣氛馬上成為札幌熱門新亮點。

純白挑高的2樓咖啡廳空間，除了可以吃到北菓樓甜點與輕食外，書架後方也有一個展示建築歷史的小空間。

❷ 札幌螃蟹本家 札幌駅前本店

🏠 札幌市中央区北3条西2-1-18
☎ 011-222-0018　🕐 11:30~22:00
（L.O. 21:30）　📅 12月31日　💲
特選ズワイかにすき(松葉蟹涮涮鍋)一人份￥7,600起　🌐 www.kani-honke.co.jp

　　札幌螃蟹本家內**終年可嘗到各式各樣的螃蟹料理**，像是螃蟹生魚片、螃蟹火鍋、螃蟹天婦羅、螃蟹壽司、螃蟹燒烤、螃蟹燉煮等，可單點也有套餐，價格從1千多日幣的一品料理到上萬日幣的頂級宴席大餐，都非常受到客人好評。

❸ 雪印パーラー 札幌本店

🏠 札幌市中央区北2条西3-1-31　☎ 011-251-7530　🕐 10:~19:00(L.O.20:30)　📅 2月31日~1月3日　💲 ジャンボサイズ (巨無霸聖代)2-4人分￥4,760

　　由雪印乳業經營的雪印パーラー是冰淇淋和聖代的經典老舖，在口味上也延續了由昭和至今的傳承美味。**使用乳脂肪高達16%的招牌冰淇淋Royal Special**所作成的各式聖代十分吸引人，10人份以上的巨無霸聖代更是華麗炫目，大得令人吃驚。札幌本店1樓販賣著雪印及北海道的各種名產，2樓則是咖啡廳。

邊吃甜點還能享受藝術與音樂的饗宴。

小編激推

❹ 六花亭本舖

🏠 札幌市中央区北4条西6-3-3　☎011-261-6666　⏰1F店舖10:00~17:30，2F咖啡廳11:00~16:30(L.O.16:00)　休週三(2F咖啡廳)　💲マルセイアイスサンド 2塊￥230　🔗www.rokkatei.co.jp

　與白色戀人同樣以白巧克力起家，這家百年老店除廣受在地人喜愛外，其近半世紀以來與文化、藝術更是深層連結，這讓他許多店家據點，都與藝術離不開關係。2015年7月設立於札幌車站鄰近的本店，10層樓的嶄新建築，除了1樓是各式甜點蛋糕、六花亭雜貨販售部外，2樓有六花亭咖啡廳，其他**樓層包含音樂廳、藝廊、YAMAHA音樂商店以及其**

廣受歡迎的瑪魯賽伊系列，做成冰淇淋夾心是僅有這裡跟帶廣店的限定版。

山葉音樂中心

🏠 六花亭本舖3、4F　☎3F 011-252-2022、011-252-2023，4F 011-252-2024　⏰11:00~18:30　休週二(如遇假日照常營業)　🔗www.yamahamusic.jp

　六花亭本舖內的3、4樓，是百年音樂製造商YAMAHA的各式樂器與樂譜的展售空間外，也設有樂器體驗教室及各式活動舉辦，這裡不論是鋼琴、管樂器、弦樂器及各式音樂雜貨齊全外，還**有數量眾多的樂譜，可說是喜愛音樂者的尋寶地。**

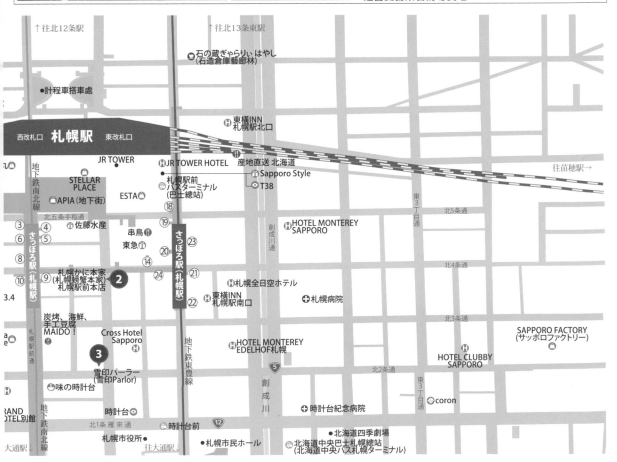

02

大通公園

おおどおりこうえん Odori Koen

充滿綠意與活力的流行中心 逛街買物新天堂樂園

> 大通公園總長約1.5公里，園內遍植綠樹花卉，藝術雕刻則點綴其中。長條狀的公園兩旁是繁華的購物街，東側盡頭則是札幌地標電視塔，不分季節都可以見到民眾在此偷閒、散步。

ACCESS
電車
地下鐵「大通」站2 5 6 8 27號出口、東西線「西11丁目」站1 4號出口徒步約1分；從JR 札幌 徒步約15分

> 作為展望塔使用的札幌電視塔，是札幌最醒目的地標。

小編激推

大通公園夏日風情

玉米攤
大通西1~7丁目(1~4丁目最多) ➍4月底~10月中旬9:30~17:30(札幌啤酒節期間至19:00)

期間限定的玉米攤已成為札幌的代表夏日物詩，在這裡不但可以吃到鮮甜多汁的玉米，還可購買馬鈴薯、各式飲料及きびっち(玉米攤的吉祥物)的相關商品。

札幌觀光幌馬車
地下鐵「大通」站5號出口旁 ➍4月末~11月3日 10:00~12:00、13:00~16:00(9~11月至15:00) (休)雨天、週三

札幌觀光幌馬車從1978年持續至今已超過30個年頭，以可愛馬匹拉乘的雙層馬車，是在市區中難得一件的景象，從大通公園出發，繞一圈約40分鐘。

② さっぽろテレビ塔

札幌市中央区大通西1 ☎011-241-1131 ➍9:00~22:00 (最終入場21:50) (休)日本新年，其他休息時間隨當地活動調整 ➎展望台入場券(3F購票處)：大人¥1,000、國中·小學生¥500、幼兒(國小以下)免費 ➍www.tv-tower.co.jp

札幌電視塔位於大通公園北端，雖然規模小了不少，但與東京的東京鐵塔同為橘紅色鐵塔造型，是**札幌的地標**之一。現在的札幌電視塔單純作為展望塔之用；90.38公尺的高度雖然不比車站旁的JR TOWER，卻**可以更清楚地欣賞到大通和鄰近的薄野的閃爍夜景**，在札幌雪祭與冬季白燈節時，更可說是最佳貴賓席。

> 取諧音創作出的吉祥物「テレビ父さん(電視塔老爹)」，帶著小鬍子、一副笑咪咪的可愛模樣，也很受歡迎。

① 大通公園

札幌市中央区大通西1~12 ☎011-251-0438 ➍自由參觀 ➍odori-park.jp

綠意盎然的大通公園以電視塔所在的北1条作為起點，一路延伸至札幌市資料館所在的北12条，**沿著帶狀的公園行走，噴泉、雕塑與綠蔭處處，薰衣草和各種草花依著季節綻放**，街頭藝人的樂聲時常飄盪在漫步閒坐的人們四周，札幌「公園都市」的美名在此得到最好的印證。

> 大通公園不僅是當地人休憩的綠地，還是札幌市內各大活動、祭典的中心地。

小編激推

北2条通
SAPPORO GRAND HOTEL
中央署
北菓樓本舖
大通西8　大通西7　大通西6　大通西5　大通西
大通公園
① Tokyo Dome Sapporo
② ③
Fruitscake Factory
Hotel Okura
西8丁目　札幌市電　TOKYU HANDS
南2条通　BARISTART Coffee
FAB café　初代一国堂　dormy inn
狸小路8　狸小路7　狸小路6　狸小路5
dormy inn ANNEX　POLE TOW
NORBESA
往すす

28

③ 時計台

札幌市中央区北1条西2
011-231-0838 ⏰8:45~17:10(入館至17:00) 🗓1月1日~1月3日 💲大人¥200、高中生以下免費
sapporoshi-tokeidai.jp/

小編激推

刻劃時光流轉的時計台是札幌的重要象徵建築。

時計台內部設有相關史料和同型的古鐘可供參觀，過去作為活動廳使用的室內空間也相當吸引人。

札幌市代表建築之一的時計台位於大通北側，可愛的白色木造建築、紅色屋頂和鐘塔，在高樓的包夾下顯得相當嬌小。時計台建於1878年，最初是作為札幌農學校(北海道大學前身)的演武場和活動廳之用。在札幌農學校遷至現址後，演武場在**1881年建造並安置了來自美國的四面鐘樓**，之後百年間持續為札幌市民報時，是日本現存最古老的鐘樓。

④ 味の時計台駅前通り総本店

札幌市中央区北1条西3-1 敷島北1条ビルB1 ☎011-232-8171 ⏰11:00~24:00，週末及例假日至22:00 🌐www.ajino-tokeidai.co.jp

以札幌市地標時計台為店名的拉麵店「味の時計台」，可說是**札幌拉麵的代表口味**，現在其版圖不只擴及日本各地，2012年更在台灣開起了分店。在寒冬中來一碗湯頭濃郁的味噌拉麵，配上彈性十足的黃色捲麵，所有寒意更是一掃而空。而**加入扇貝、奶油、叉燒、玉米的扇貝奶油玉米拉麵(ホタテバターコーンラーメン)更是一絕**，口感豐富讓人大呼過癮！

開拓使與五角星

如果你對舊建築感興趣，應該會發現札幌市內的古老建築如道廳、清華亭、時計台和豐平館等，都有著五角星的標記。這個標記是日本政府在1869年正式派遣開拓使前來管理北海道時，代表著開拓使的標記，造型意象來自於極北之地的北極星。另外，北海道三大啤酒之一的札幌啤酒(SAPPORO BEER)也以黃色的五角星為LOGO，那是因為札幌啤酒最早可是開拓使的麥酒釀造品牌唷！

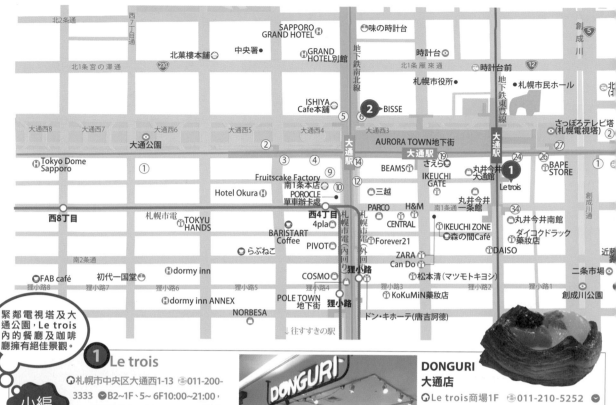

北2条通
北菓樓本舖
中央署●
SAPPORO GRAND HOTEL
GRAND HOTEL別館
味の時計台
北1条宮の澤通
230
時計台
北1条雁來通
時計台前
地下鉄南北線
札幌市役所●
札幌市民ホール
創成川
創成川
ISHIYA Cafe本店
② BISSE
さっぽろテレビ塔
（札幌電視塔）
大通西8　大通西7　大通西6　大通西5　大通西4　大通西3
大通公園
AURORA TOWN地下街
大通駅
大通駅
①
Tokyo Dome Sapporo
③　④　⑨
BEAMS　さえら
IKEUCHI GATE
丸井今井
大通館
Le trois
BAPE STORE
①
Fruitscake Factory
南1条本店
Hotel Okura
POROCLE
單車辦卡處
三越
丸井今井
一条館
丸井今井南館
地下鉄東西線
西8丁目
札幌市電
TOKYU HANDS
西4丁目
4pla
PARCO　H&M
CENTRAL
IKEUCHI ZONE
森の間Café
ダイコクドラック
藥妝店
創成川通
BARISTART Coffee
PIVOT
Forever21
ZARA Can Do
DAISO
南2条通
らぶねこ
松本清（マツモトキヨシ）
二条市場
FAB café
初代一国堂
dormy inn
COSMO
KoKuMiN藥妝店
創成川公園
dormy inn ANNEX
POLE TOWN
地下街
狸小路
ドン・キホーテ（唐吉訶德）
NORBESA
↓往すすきの駅

> 緊鄰電視塔及大通公園，Le trois內的餐廳及咖啡廳擁有絕佳景觀。

小編激推

① Le trois

札幌市中央区大通西1-13　☎011-200-3333　◯B2~1F、5~6F10:00~21:00，2~4F至20:00，7~8F餐廳11:00~23:00　🌐www.le-trois.jp

　　2015年9月開幕、位於電視塔斜前方路口的這棟純白色商場，**以法式風情主打提供女性幸福感的購物美食及裝扮美麗的需求**，像是從B2~2樓，以美妝、美容沙龍及流行小物為主，2到4樓則有許多雜貨風格小店、書店、料理教室、甜點吃到飽的店等，7~8樓的各式餐廳則讓女性喜愛新鮮與多樣的選項通通實現。

DONGURI 大通店

Le trois商場1F　☎011-210-5252　◯10:00~21:00　💴ちくわパン（竹輪麵包）¥162　🌐www.donguri-bake.co.jp

　　DONGURI是**北海道人氣麵包店**，強調家庭氛圍及各式現做麵包、眾多口味，加上不斷開發的新口味，店內堆滿滿的麵包，總是讓人看了充滿食慾，難怪進軍札幌後，也迅速攻佔了札幌人的胃。店內人氣NO.1的竹輪麵包裡面就包覆著口感十足的竹輪，還有口感鬆軟飄散淡淡肉桂香氣的肉桂捲、自家調配的獨家咖哩麵包等，都是人氣首選。

MILL

Le trois商場3F　☎011-213-0903　◯10:00~20:00　🌐ile-sapporo.jp

　　MILL以**日常生活中需要用到的各式用品，並以簡約設計、實用耐用而具質感的良品為店內商品風格出發點**，從衣服、袋子、杯碗鍋子、到各式飾品小物甚至咖啡或調味料品項等，都囊括在內，也讓小小店內空間卻是商品琳瑯滿目，從北歐品牌到日本地方良品選物、設計師手作，通通都讓人愛不釋手。

❷ 大通BISSE

🏠 札幌市中央区大通西3-7(北洋大通センター) ⏰ 7:00~23:00(依店家而異) 🚫 1月1日 🌐 www.odori-bisse.com

　以北國幸福生活為提案的大通BISSE，就位在大通公園邊，這棟融合辦公及商場的複合式大樓，不走流行商品路線，**主要以美食、咖啡、養生茶品、美容、生活雜貨等商店所組成**，商店主要集中在1~4樓以及與地下步行空間連結的B2商店，挑高商場空間展現出一派優雅嫻靜的風格。

> 宛如美食街般，可自行到喜愛的甜點店家櫃台點好甜點後，再拿到座位區中享用。

> 部分店面設有HOT CHEF區，廚師在後台現做美味，現炸薯條、十勝美味豬排飯等，通通吃得到喔。

BISSE SWEETS

🏠 大通BISSE 1F ⏰ 10:00~20:00 🚫 1月1日

　位於1樓的這家甜點店，說是一家，其實是**集合了2家甜點店，而且各自來頭都不小，通通都是北海道各地區的人氣必選**，包含KINOTOYA Cafe(きのとや)、町村農場等，從冰品、餅乾、蛋糕到各式甜派等，每個都好吃得太犯規，完全是甜點控必報到之處。

> 北海道人氣甜點店一次到齊，也太幸福了！

小編激推

> 可以喝到各種產地咖啡外，還有大片公園美景免費欣賞。

小編激推

德光咖啡大通店

🏠 大通BISSE 2F ☎ 011-281-1100 ⏰ 10:00~20:00(L.O.19:30) 🚫 12月31日~1月1日 💲 咖啡拿鐵 ¥700，卡布奇諾 ¥650 🌐 tokumitsu-coffee.com

　超挑高的咖啡空間，加上一整片面對大通公園的落地窗玻璃，讓整個空間幾乎要與戶外融為一體，能無障礙的欣賞整個大通公園的好視野，難怪午後時光面窗座位幾乎一位難求。總店位在石狩市花川的德川咖啡，以**親自到產地尋找好咖啡豆為特色，不同產地依咖啡特性給予不同烘培度，新鮮提供**，是愛好精品咖啡者不可錯過的咖啡店。

> 明明只是便利超商，卻有好多自製的道產美味餐點，讓人天天都想來報到。

Seicrmart大通ビッセ店

🏠 大通BISSE B2 ☎ 011-206-9738 ⏰ 7:00~22:00 🚫 1月1日 💲 道產鮭魚飯糰 ¥100、咖啡拿鐵(使用豐富町奶油) ¥150 🌐 www.seicomart.co.jp

小編激推

如果你對「北海道限定」、「北海道產」有莫名的喜愛，那一定要來這裡逛逛。總公司在札幌的Seicrmart，光在北海道就有數千家店，雖然不是每家都是24小時營業，但這裡隨便逛，從飲料、麵包、熟食、熱食、零食、冰品、啤酒、蔬果區等，幾乎都能看到北海道特色產地食材採用的字樣，逛街逛到不可自拔沒時間吃飯，或是半夜還想吃點小東西，這裡絕對推薦。

一年可以賣出520萬個的美味起司塔就在這裡。

小編激推

1 POLE TOWN

⌂ 札幌市中央区南1~4条西3~4
☎ 011-221-6657
⌚ 10:00~20:00 ⊗ 1月1日及一年兩次檢修日
ⓤ www.sapporo-chikagai.jp

POLE TOWN是地下鐵大通站與薄野(すすきの)站間的地下街,在南1西3到南4西3的地下延伸,地下街內**除了有服飾、咖啡、名產、化妝品等各種店面,還有出口與三越、PARCO、PIVOT和狸小路等逛街地一路直結**,在冬天和假日時尤其熱鬧。大通站另外還有一條地下街AURORA TOWN,連接大通地下由西3到電視塔,兩條地下街並稱為「札幌地下街」。

3COINS 札幌ポールタウン店

⌂ POLE TOWN ☎ 011-207-5717 ⌚ 10:00~20:00 ⓤ www.3coins.jp

3COINS以店名大聲宣告「這裡所有商品都是300日幣均一價(未税)」,以綠與白為基調的乾淨清爽店內,視線所及的所有物品只要用3、4個銅板就能買到,不只價格讓顧客感到幸福,質感的商品也同樣帶給購買者幸福感,簡單大方又可愛的設計、實用又流行的生活雜貨,絕對物超所值。

2 丸井今井 札幌本店

⌂ 札幌市中央区南1条西2
☎ 011-205-1151
⌚ 10:30~19:30、大通館10F美食街11:00~21:00,各館美食街週日至19:30(依店家而異) Ⓟ 消費滿￥2,000可免費停2小時 ⓤ www.marui-imai.jp

札幌的丸井今井與本州相當熱門的丸井今井(0101)只有同名的關係;是**在札幌開業百年以上的獨立歷史老舖**,在站前的大丸竄起前一直是北海道最受歡迎的百貨。現在丸井今井在大通一帶共有4間分館;位於大通一側、占地最大的本館大通館專攻各年齡層的女性,一条館以男性服飾為主,西館為ル・トロワ(Le trois),南館則擁有6層樓的大型書店淳久堂。

（地圖）

北2条通
SAPPORO GRAND HOTEL Ⓗ
味の時計台
創成川
北7丁目通
北菓樓本舗 中央署
GRAND HOTEL別館 Ⓗ
時計台
北1条宮の澤通
北1条通來線
時計台前
地下鐵南北線
札幌市役所
札幌市民ホール
ISHIYA Cafe本舗
BISSE
さっぽろテレビ塔（札幌電視塔）
大通西8 大通西7 大通西6 大通西5 大通西4 大通西3
AURORA TOWN地下街 3 大通駅
大通公園
大通駅
2 Tokyo Dome Sapporo
BEAMS さえら
丸井今井 大通館 2
Fruitscake Factory
南1条本店
POROCLE 單車辦卡處
4 三越 IKEUCHI GATE
H&M
丸井今井一条館
西8丁目
札幌市電 TOKYU HANDS
4pla
CENTRAL
5 PARCO
IKEUCHI ZONE
森の間Café
丸井今井南館
ダイコクドラック
藥妝店
BARISTART Coffee
PIVOT
Forever21
らぶねこ
ZARA Can Do
DAISO
松本清(マツモトキヨシ)
南2条通
FAB café 初代一国堂
dormy inn
COSMO
KoKuMiN藥妝店
二条市場
創成川公園
狸小路8 狸小路7
dormy inn ANNEX
狸小路6 狸小路5
POLE TOWN 地下街
狸小路3 狸小路2 狸小路1
NORBESA
ドン・キホーテ(唐吉訶德)
往すすきの駅

3 AURORA TOWN

札幌市中央区大通西3~西1　☎011-221-3639　
10:00~20:00(依店家而異)　1月1日及一年兩次檢修日　
🌐www.sapporo-chikagai.jp

以地下鐵南北線的大通站為中心，向南延展到薄野的地下街為POLE TOWN，**向東一路延伸至札幌電視塔的則為AURORA TOWN**，全部加總起來共有約140間店鋪，是購物逛街的好去處。長約312公尺的AURORA TOWN比起熙來攘往的POLE TOWN更多了一些優雅閒適的氣息，或是到紀伊國屋書店翻翻書，或是喝杯下午茶，感覺好不悠閒。

4 札幌三越

札幌市中央区南1条西3-8　☎011-271-3311　
10:00~19:00、本館B2~2F及北館10:00~19:30　🌐www.mitsukoshi.mistore.jp/sapporo.html

老字號百貨札幌三越開業於1932年，是地標性的存在。現在一共擁有本館和北館2個部分。百貨內的商品同為各式品牌精品，顧客年齡層則以較有消費能力的粉領族為主。

5 PARCO

札幌市中央区南1条西3-3　☎011-214-2111　
10:00~20:00，8F餐廳11:00~22:45。(依各店而異)　🌐sapporo.parco.jp/

札幌PARCO可說是**札幌年輕女孩最喜愛的逛街地**。館內有UNITED ARROWS、JOURNAL STANDARD、COMME des GARCONS、TOMORROWLAND等服飾品牌，不論是時尚派或森林系女孩都能在這兒找到自己的風格。吸引顧客一再光顧。

地圖標示：
北2条通
東3丁目通
⊙coron
時計台紀念病院
●北海道四季劇場
道中央巴士札幌總站
(道中央バス札幌ターミナル)
地下鉄東西線
⑤　⑧　⑩
バスセンター前駅
(巴士中心前駅)
⑨　往菊水駅→
大通バスセンター
(大通巴士中心)
③　⑥　⑦
南1条通
千歳鶴酒ミュージアムANNEX
南2条通
千歳鶴酒ミュージアム
(千歳鶴酒博物館)
二条鮨
魚屋
⊙The Little Juice Bar

① さえら

🏠 札幌市中央 大通西2-5-1(都心ビルB3) ☎011-221-4220 ●
10:00~18:00 🈺週三 💲三明治￥660起

　　在札幌當地深受歡迎的さえら，每到用餐時間店內便擠滿了人潮，招牌三明治是大家的最愛，別看小小的三明治毫不起眼，鬆軟的吐司包夾份量滿點的餡料，約有30種口味、近90種組合可以選擇，最推薦**人氣首選的雪場蟹(ならば)口味，搭配炸蝦(えびかつ)或是炸肉排(メンチかつ)等都十分美味**，另外還有清爽的水果口味可供選擇，起個大早或是下午微餓時推薦可來這裡嚐嚐美味輕食。

② MINGUS COFFEE

🏠 札幌市中央区南1条西1(大沢ビル7F) ☎011-271-0500 ●9:00~24:00 🈺不定休 💲咖啡￥550起

　　在札幌具相當高人氣的咖啡店「**MINGUS COFFEE**」，位在**電視塔旁小巷弄內的7樓**，沒有街邊店的通透大空間，僅以矮書架區隔成吧台區及桌椅區，**一眼望盡的小小空間內反而營造出一處特有安靜**。這裡以提供咖啡、自製甜點等為主，因營業到晚上12點，因此也有不少酒類選擇，晚上也適合來此喝杯酒。

從早開到晚的人氣咖啡廳，不論想喝咖啡還是啤酒都可以在這裡得到滿足

小編激推

吧台區桌上隨興擺上當日自製常溫蛋糕外，坐這裡也能看鍋煮咖啡風景。

從地板、桌椅到空間妝點，都以木質及森林當作主題，透過牆面展示板說明，也點出森林對人類的重要意義。

③ 丸美珈琲店 大通公園本店

🏠 札幌市中央区南1条西1-2(松崎ビル1F) ☎011-207-1103
●8:00~20:00，週日、例假日 10:00~19:00 🈺12月31日~1月2日 💲咖啡￥600起 🈶
www.marumi-coffee.com

　　從MINGUS COFFEE所在大樓轉個彎的街角，這裡還有一家**札幌知名的咖啡館**，由**獲獎無數的後藤所開設，從烘培到鑑定，也有咖啡界的「侍酒師」般的世界認證地位**。這裡提供的咖啡當然都是一時之選，對於喜愛精品咖啡者，這裡絕對滿足。除了新鮮自烘出能將產地風味適切發散的美味咖啡，世界各地的推薦得獎莊園豆，也能滿足咖啡迷的味蕾。

（地圖）
北2条通　西7丁目通　GRAND HOTEL
北菓樓本舖　中央署
北1条宮の澤通
ISHIYA Cafe本舖
大通西8　大通西7　大通西6　大通西5　大通西
大通公園　②
Tokyo Dome Sapporo　①　③
Fruitscake Facto
南1条通　POROC　單車辦卡
Hotel Okura
西8丁目　札幌市電　TOKYU HANDS
BARISTART Coffee
⑤ らぶねこ
南2条通
FAB café　初代一国堂　dormy inn　CO
狸小路8　狸小路7　狸小路6　狸小路5
dormy inn ANNEX　POLE TOW　地下
NORBESA
↓往すす

地圖標示

味の時計台

時計台

時計台前

北1条雁來通

札幌市役所

BISSE

大通西3

AURORA TOWN地下街

大通駅

さえら

BEAMS

IKEUCHI GATE

丸井今井 大通館

Le trois

BAPE STORE

① 大通バスセンター (大通巴士中心)

MINGUS COFFEE

丸美珈啡店 大通公園本店

三越

丸井今井 一条館

PARCO H&M

南1条通

札幌市電內回

CENTRAL

Forever21

IKEUCHI ZONE

丸井今井南館

ダイコクドラック

藥妝店

ZARA Can Do

DAISO

狸小路

松本清 (マツモトキヨシ)

近藤昇商店 壽司處

二条市場

二条鮨

魚屋

KoKuMiN藥妝店

創成川公園

ドン・キホーテ(唐吉訶德)

の駅

創成川

北2条通

創成川

北海道四季劇場

北海道中央巴士札幌總站 (北海道中央バス札幌ターミナル)

時計台紀念病院

東3丁目通

coron

札幌市民ホール

さっぽろテレビ塔 (札幌電視塔)

地下鉄東西線

バスセンター前駅 (巴士中心前駅)

→往菊水駅→

地下鉄南北線

地下鉄東豊線

④ coron本店

札幌市中央区北2条東3-2-4 prod23 1F ☎011-221-5566 🕘9:00~18:30 不定休、年末年始 Ⓢバゲットcoron(法國長棍)¥257 💻www.coron-pan.com

2012年底開幕的麵包坊coron一開張就大受好評，光是店內的氣氛就與他處大大不同，全面使用北海道素材打造的空間內，簡單不造作的品味流露出舒服的氛圍；而coron的麵包大多以**低溫長時間發酵**而成，不僅**能引出小麥的自然原味，還相當具有嚼勁**，揉入7年級生主廚高崎真哉的豐富經驗與創意，再搭配上健康美味的北海道食材，擄獲顧客的心。

> 無論是點心、早餐，還是想要晚上小酌的時候配酒，這裡都可以找到適合的麵包口味。

猫 スタッフ 紹介

> 不妨在貓咪的用餐時間12點及晚上8點前來，欣賞貓咪一起用餐的萌樣。

⑤ らぶねこ

札幌市中央区南2条西5-26-17 第一北野家ビル5F 011-219-2209 🕘11:00~19:30 （最後入場18:30）Ⓢ入店30分¥600、60分¥1,300(附飲料) 💻www.loveneko.jp

らぶねこ為**北海道首間貓咖啡廳**，店內共有11隻可愛的貓咪員工，美國短毛貓、布偶貓…，一次就能跟多品種、個性相異的貓咪度過療癒時光，不管是想在廣闊的遊憩空間與貓兒玩樂，還是想在餐飲區一邊享用餐點一邊觀察貓咪的一舉一動，都能**盡情享受貓咪世界的慵懶與魅力**。

1 H&M SAPPORO

🏠 札幌市中央 南1条西3-1 ☎ 0120-866-201 ⏰ 10:00~20:00 🈺 不定休 🌐 www2.hm.com/ja_jp/index.html

　快速流行店必逛之一的H&M,不讓ZARA專美於前,也終於在2013年底登陸北海道,第一家店擁有4層樓的大店舖、廣達1,900平方米,貨品齊全,從地下2樓到地上2樓,連結地下商店街,即使天候不理想一樣可以輕鬆逛。

2 大丸藤井CENTRAL

🏠 札幌市中央区南1条西3-2 ☎ 011-231-1131 ⏰ 10:00-19:00 🈺 不定休,12月31日・1月1日 🌐 www.daimarufujii.co.jp/central

擁有120年歷史的CENTRAL,是札幌超大型的老牌文具專賣店,但可別以為這裡賣的都是帶著濃濃時代感的老文具,裡面盡是最新最流行的文具商品,地下1樓到4樓擺滿各式文具、雜貨和風小物,還包含超人氣的可愛布偶,7樓還有美術展覽室,可以慢慢逛上一個下午。

百年歷史的文具店,是文具控必去的一站。

華美又復古的購物商場，聖誕節時還會有巨大的璀璨聖誕樹喔。

小編激推

③ SAPPORO FACTORY

札幌市中央区北2条東4　☎011-207-5000　🕙10:00~20:00、餐廳11:00~22:00(依店家而異)

sapporofactory.jp

　由開拓使麥酒釀造所改造而成的SAPPORO FACTORY分為多棟分館，在開幕當初以160間的店鋪量，傲居日本全國首屈一指的shopping mall。2条館與3条館間的透明天井拱廊(Atrium)最具代表，**改建自釀造所的紅磚館則充滿復古情調，內部也保留了當初釀造的模樣開放參觀**，並有提供獨家啤酒「開拓使麥酒」的啤酒餐廳。

④ 千歲鶴酒博物館

札幌市中央区南3条東5-1　☎011-221-7570　🕙10:00~18:00，酒藏冬季不開放　🚫年末年始　💰免費

www.nipponseishu.co.jp/museum

　清酒老牌千歲鶴是札幌唯一的藏元，小小的博物館就設在酒藏和工廠的旁邊。內觀復古的館內可以參觀千歲鶴古老的製酒器具、歷代裝瓶和過去杜式的釀酒日誌，還可以試飲釀酒用的地下水，附設的直營商店內則有齊全的千歲鶴酒品，並且都提供試喝。想參觀酒藏的話，必須要是10人以上的團體，且須事先預約。

03

狸小路
たぬきこうじ Tanuki Koji

札幌最長的商店街 吃喝玩買一次搞定

從西1丁目開始洋洋灑灑延伸到西8丁目的狸小路，是札幌歷史最悠久、也是最長的商店街。狸小路上的品牌服飾、可愛小店較少，以逛街來說，也許不是最適合的，但藥妝、名特產店和不少餐廳齊聚於此，加上營業時間較晚，不失為購買伴手的好地方。

ACCESS
電車
路面電車「狸小路」站
地下鐵「大通」站：南北線、東西線、東豐線
地下鐵「すすきの」站：南北線
地下鐵「豐水すすきの」站：東豐線

1 二条市場

🏠 札幌市中央区南3条東1~2 ☎ 011-222-5308 ⏰ 7:00~18:00(依店家而異)

熱鬧的市場裡，各式新鮮海味都便宜賣。

小編激推

二条市場雖不在狸小路上，但卻十分鄰近。位於狸小路東側的**二条市場是札幌最知名的觀光市場**，肥美的帝王蟹、海膽、鮮魚和新鮮蔬果等豪邁陳列著，老闆們站在攤位裡熱鬧叫賣，充滿庶民氣息。除了北海道代表的海鮮和生鮮食材之外，和其他日本市場一樣，二条市場也少不了小舖餐廳，位於市場一角的暖簾橫丁就有不少居酒屋和小吃店聚集，可以市場價格飽嘗鮮味。

近藤昇商店 壽司處けいらん

🏠 札幌市中央区南3条東2 ☎ 011-241-3377 ⏰ 8:00~16:30 💰 海鮮丼飯 ¥ 1,000~3,000 🌐 www.facebook.com/kondounoboru

1942年開店的近藤昇商店是一家在二条市場營運**超過75年的老海產店**，各式嚴選道產海鮮宅配到府外，**附設的壽司處けいらん以新鮮又公道的價格，提供美味壽司及海鮮丼飯**等，難怪吸引很多人來這用餐。店內菜單選項豐富外，連店外有銷售的水果等，都可以點進來享用，尤其冬季的必吃哈密瓜，單點一片飯後享用既奢侈又滿足。

店內也有附設壽司吧檯，單點一貫 ¥110元起跳，相當實惠。

[地圖標示：APA HOTEL、Leopalace 21、FAB café、匠鮨、Hotel Bougainvillea Sapporo、塩ホルモン炭や、おみやげの店しらかば、dormy inn PREMIUM札幌、坦々亭、狸小路8、狸小路7、狸小路6、西7丁目通、西6丁目、らーめんサッポロ赤星(札幌拉麵赤星)、TANUKI SQUARE、ジンギスカアルコ(成吉思汗arco)、西8丁目通、dormy inn ANNEX、おみやげにれ、一風堂、おみやげ]

合理的價格吸引不少當地上班族來用餐

魚屋 がんねん
札幌市中央区南3条東1-5 011-272-3770
8:00~14:00 不定休 烤魚定食¥780~1200
www.gannen.net

位在二条市場邊,小小的餐廳內宛如家庭食堂般簡單,但所提供的美味可不簡單,一方面**也營運魚產銷售的老闆,深知北海道不同時期的鮮滋味,因此餐點內容也會跟著季節變化**,像是北海道產油脂豐美的烤花魚,依據季節嚴選羅臼、禮文島等知名產地,長達30公分的烤花魚一夜干吃得到豐美的鮮味外,還附上生鮮珍味當小菜,也有提供免費咖啡。

② 唐吉訶德
札幌市中央南3条西 4-12-1(本店) 0570-096-811 24小時營業
www.donki.com 消費滿¥5001可免稅

札幌市中心唯一一家唐吉訶德就位在狸小路上,門口大大寫著「激安的殿堂」,開宗明義說明這裡就是搶便宜的好地方,附近另有北館。占了好幾層樓的商場裡,賣的東西琳瑯滿目,本店還有便利商店、餐廳等選擇,另一個好處就是**24小時營業,就算半夜玩得太晚也不怕沒地方採買**。

藥妝店有什麼不同

狸小路是札幌藥妝的激戰區,各家店鋪都有吸引人的招數,單一價差或許不大,但若是大量購買的話當然要看看怎麼買最划算,實際比價之前,不妨先看看各家藥妝的特色,快速了解每一家的不同。

◎Daikoku Drug→整體而言價格最為便宜,每月10號、25號還有全品項商品95折優惠,若是持有樂天信用卡,刷卡還可再享3%折扣。

◎SAPPORO藥妝店→空間清爽,商品分類一目了然,不過價格較高,可以說是以觀光客為主要客群的店家。

◎松本清→當地及外國人都很愛的藥妝店,商品齊全之外,可上網下載優惠券,出示即可再享折扣。

① MALAIKA 狸小路店

🏠札幌市中央区南3条西3-11 メッセビル1F ☎011-233-0885 🕐10:00~20:00
🌐www.malaika.co.jp

在狸小路上像是自成一個世界的**MALAIKA，由亞洲、非洲及中南美洲直接進口的民藝品與雜貨擺滿了整間店鋪**，在充盈著南國香氛氣味的室內空間中，無處不帶著濃濃的南洋風采。鮮豔繽紛的色彩讓每個商品有自己獨特的個性，而民族風的飾品、鞋包也很有味道，喜歡南國鮮明風格的人可以來這裡尋尋寶。

② MARION CRÊPES 札幌狸小路店

🏠札幌市中央区南3条西2-14 🕐11:00~22:00 11:00~22:00 💲可麗餅¥290起 🌐www.marion.co.jp

源自東京原宿的MARION CRÊPES，是當地的排隊美食，現在在北海道札幌與函館各有一間分店。這裡的可麗餅不同與我們習慣的酥脆薄餅外皮，**嘗來柔軟濕潤中帶著甜味，超過50種口味的選擇中甜鹹皆有**，第一次造訪就先來個全店人氣最高的香蕉巧克力口味，喜歡鹹的就點鮪魚披薩起司吧！

[地圖]
HAPA HOTEL
Leopalace 21
匠鮨
Hotel Bougainvillea Sapporo
塩ホルモン炭や
坦々亭
おみやげの店しらかば
dormy inn PREMIUM札幌
⑥ FAB café
狸小路8
狸小路7
狸小路6
らーめんサッポロ赤星（札幌拉麺赤星）
TANUKI SQUARE
ジンギスカアルコ（成吉思汗arco）
dormy inn ANNEX
おみやげにれ
一風堂
西7丁目通
西8丁目通
西6丁目通

③ 餃子の王将狸小路5丁目店

🏠札幌市中央区南3条西5-34 ☎011-221-0070 🕐週一～週五11:00~21:30(L.O.21:00)、週六、日、假日11:00~22:30(L.O.22:00) 🈺不定休 💲餃子6個¥260 🌐www.ohsho.co.jp

近年來不斷注入新血的狸小路，開設的店鋪越來越多元，也變得越來越熱鬧，其中一位美食生力軍就是日本知名的「餃子の王將」。**在日本各地總計約有700多間分店的日式口味中華料理店，庶民的平價美味深得人心**，招牌餃子的麵皮相當薄，包入調味過的肉餡，不用沾醬就很夠味，其他如炒飯、炸雞也是點餐率極高的人氣菜色。

④ びっくりドンキー狸小路店

🏠札幌市中央区南3条西3-11キクヤメッセビル2F ☎011-219-1281 🕐8:00~22:30(L.O.22:00)(10:00前僅提供早餐) 💲漢堡排套餐¥680~1,100 🌐www.bikkuri-donkey.com

在日本各地總計約300多間店鋪的びっくりドンキー，是在日本無人不曉的連鎖漢堡排餐廳，一天銷售10萬份以上的熱賣程度，足見日本民眾對它的喜愛。

招牌漢堡排柔嫩多汁，搭配上各種獨特醬汁，食材嚴選省農藥米(栽種過程只使用一次除草劑)、紐西蘭與澳洲塔斯馬尼亞省的牛肉、有機蔬菜、小樽有機啤酒等健康原料，在這裡不但能吃得美味，同時也能吃得安心。

⑤ パスタ しゃべりたい

🏠 札幌市中央区南3条西4-21-11 2F
📞 011-219-2825　🕐 11:30~22:30(L.
O.22:00)　🚫 不定休　💲 義大利麵 ¥
400~750

激安義大利麵パスタしゃべりたい 約
提供35種口味的義大利麵，包含清爽的
鮪魚番茄、濃厚的香蒜辣椒、獨特的納
豆以及明太子等，**售價從最便宜的400
日幣到最貴的750日幣不等**，對於想省
錢的背包客來說是極大的誘惑。坐在坪
數不大的居家氛圍中靜享義大利麵，不
用花大錢也能吃得愉快又飽足。

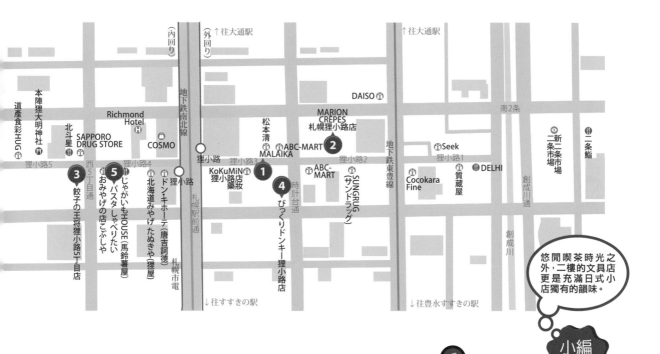

悠閒喫茶時光之
外，二樓的文具店
更是充滿日式小
店獨有的韻味。

小編
激推

⑥ FAB café

🏠 札幌市中央区南2条西
8-5-4　📞 011-272-0128　▾
11:30~21:30　🚫 週一 (遇假日照常營業)

在狸小路8丁目的盡頭，古書店與
個性服飾店交錯的街道之間，**FAB
café避開人潮，提供顧客一個寧靜
安適的空間**。窗外陽光灑落木製桌
椅，牆壁上利用並排的手繪雜誌做裝
飾，明亮而溫暖的氣息縈繞店裡。除
了香氣濃郁的咖啡和手工點心、三明
治，店裡還販售著許多雜貨商品，以
及造型可愛古樸的文具和餐具。

① 創成川公園

📍札幌市中央区南3条東1

　横貫札幌市中心、從北到南的創成川,是幕府時代為開發札幌而挖掘的水道,整個札幌的開歷史可說是從這邊而開啟,重新整頓後的創成川變成一條狹長的綠帶公園,從南4条一直延伸到北2条, 尤其連結二条市場與狸小路的大廣場,常成為活動舉辦地。而以創成川東側南1~3条到豐平川一帶的街區,**近年也增加不少餐飲與特色店家,被冠上優雅的「創成川EAST」這個名稱**,未來發展令人期待。

② 本陣狸大明神社

📍札幌市中央区南2条西5　📞011-241-5125　🚶自由參觀

　位在5丁目上的本陣狸大明神社通稱為「狸神社」,是為了慶祝狸小路100週年時所興建,原本建在4丁目上,後來才移到現在的位置。有著圓圓大肚的狸小路商店街守護神「狸水かけ地蔵(水掛狸地蔵)」,據説身上有著「八德(庇佑之意)」,**觸摸頭可學業進步,從肩膀摸到其胸前可締結良緣、戀愛順利、摸摸肚子可以祝安產及育兒順利**等,下次經過時就看想許什麼願望吧!

> 狸小路商店街的守護神。

③ TANUKI SQUARE

📍札幌市中央区南3条西7　🕑14:00~00:00 依店家而異

　2012年夏天開幕的TANUKI SQUARE,**2層樓的店內擠進了十餘間個性美食小店**,想鎖定特定店家或料理,Bistro清水亭的法式料理、串かつBAR 福的串炸、Opera的輕食、La Giostra的義式料理與冰淇淋…,每推開一間就是另一個天地,小小空間頗有深夜食堂的氛圍;想多吃幾間還可以從各店的小窗口點餐,再到建築物中間的公共用餐區享用(冬天不開放)。

> 豐富多樣的選擇,來到這裡包準吃得盡興。

道產食材超市兼飲食街，滿足購物與吃飯的慾望。

頗具規模的狸屋內土產貨色最齊全。

5 北海道伴手禮 狸屋

札幌市中央区南3西4丁目 ☎011-221-0567 ◷9:30~21:30 ◍www.tanukiya.co.jp

看到店外大大的狸貓木雕就知道狸屋到了，創業於1915年的狸屋歷史悠久，店內擺滿了5000種以上的商品，可說是**札幌市內面積最大、貨色最齊全的土特產店**，除了實體店面外，現在也開始經營起網路商店。在狸屋除了有北海道各式銘菓外，還可購買馬油、陶瓷刀、保溫杯、日本醬料等，在這裡一次就可買足所有想要的商品唷！

5 おみやげの店 こぶしや 札幌店

札幌市中央区南3条西4丁目西角 ☎011-251-3352 ◷9:00~22:00 ◍www.hokkaido-miyage.jp

位在狸小路上的「こぶしや」共有2層樓，分別為1樓的北海道伴手禮區以及2樓的手作皮革包專賣店「ななかまど」。2樓販售著「いたがき」品牌的商品，各式質感優異、設計簡單大方的鹿皮包羅列店中，還有許多可愛的皮革小吊飾可供選擇。1樓的伴手禮十分齊全，**搜羅了北海道各地約3000種的特選商品**，特產、各式拉麵料理包、北海道限定吊飾等，全都一應俱全，保證能買得盡興。

狸祭り

每年與札幌夏祭合辦的狸祭，使狸小路商店街熱鬧滾滾。這一個月之間，5丁目會裝飾起超大的狸貓氣球，這個氣球平時可看不到唷，其它丁目還可看到燈飾及大型掛飾，節慶氣息十分濃厚。活動期間狸小路各丁目還會舉辦各種活動與商品特賣，甚至有屋台(路邊攤販)進駐，整條街道上擠滿人潮，而最熱鬧的時刻就屬「子供神輿渡御」與「狸神輿渡御」的時候了，熱鬧的氣氛在此刻達到了極點。
◷7月下旬~8月中旬，約1個月

04
薄野 すすきの Susukino

霓虹燈閃爍 不夜城 各種美食香氣誘人

ACCESS
電車
地下鐵「すすきの」站：
南北線
地下鐵「豐水すすき
の」站：東豐線
市電「すすきの」站：
山鼻線
市電「狸小路」站：都
心線

薄野被列為日本3大夜生活最熱鬧的區域，這個連結狸小路，橫跨南4~7条、西1~6丁目的廣大區域內，擁有將近4千家吃喝玩樂的店家，從最具代表的拉麵橫町到酒吧、拉麵店、燒烤店、餐廳、鄉土料理店、卡拉OK、保齡球館，甚至女生最愛的咖啡館、麵包店、甜點店，在這裡也都變成營業至深夜的店家。

香氣逼人的烤羊肉是下酒最佳搭配！

1 成吉思汗達摩 本店

小編激推

札幌市中央区南五条西4 クリスタルビル1F ☎011-552-6013
17:00~23:00(L.O.22:30) 年末年始
ジンギスカン1人前(烤羊肉一人份)¥1,280 best.miru-kuru.com/daruma

烤羊肉是北海道最具代表性的傳統美食之一，日文名稱叫「ジンギスカン」，漢字寫作成吉思汗。位於薄野的成吉思汗達摩本店據傳是烤羊肉創始店，狹小老店裡，只有一圈吧台座席，兩位服務人員招呼全場：添爐火、上菜、補啤酒，充滿庶民情調。炭火現烤厚而多汁的鮮美羊肉，配上白飯蔬菜，就是最簡單的鮮美滋味。

2 NORBESA

札幌市中央区南3条西5-1-1 ☎011-271-3630
商店11:00~23:00、餐飲11:00~翌日4:00、娛樂至翌日5:00，依店家而異；摩天輪11:00~23:00，週五、週六及假日前日11:00~01:00
摩天輪1人¥800
www.norbesa.jp

2006年春天開幕的NORBESA，以**屋頂上閃爍不已的大型摩天輪**，吸引所有行人的目光。大樓內部結合了餐飲店、雜貨商場、KTV等娛樂設施，無論流行度與注目度都堪稱是札幌的新地標。

巨大摩天輪成為札幌耀眼的地標。

3 元祖札幌拉麵橫丁

札幌市中央区南5条西3-6 依各店而異，約為11:00~凌晨3:00 www.ganso-yokocho.com

想到札幌，就聯想到「札幌拉麵」，而要吃拉麵，無庸置疑會想到那條短短200公尺的元祖札幌拉麵橫丁。**在這條窄窄的巷道上，聚集約17家的拉麵店**，每家可都是各有特色喔！

南3条西6
札幌南三条病
えびかに合戦
(蝦蟹合戦)
資生館小学校前
ススキノグリ
ニンホテル2
札幌
すすきの5条メイプル
すすきの南仲通
札幌市電

④ GARAKU

⌂札幌市中央区南2条西2丁目
6-1おくむらビルB1 北側入口
☎011-233-5568 ⊙11:30
~15:30 (L.O. 15:00)、17:00~
21:00(L.O.20:30) ⊛不定休 Ⓢや
わらかチキンレッグと野菜(軟嫩雞
腿與蔬菜)¥1,250、上富良野ラベン
ダーポークの豚しゃぶと7種きのこの
森(上富良野薰衣草豬肉薄片與7種菇
林)¥1,390 ⓦwww.s-garaku.com

獲得在地人及旅客一致好評，GARAKU的湯咖哩香氣讓人難忘。

小編激推

位在B1的GARAKU空間不大，約容納40個座位。

　位在地鐵站附近的GARAKU，憑藉著絕佳的地理位置與美味的料理，從2007年**開幕以來就維持著高度人氣，也是各家媒體競相採訪報導的對象。**GARAKU最具人氣的菜色就屬「軟嫩雞腿與蔬菜」與「上富良野薰衣草豬肉薄片與7種菇的森林」口味，湯咖哩的濃郁香氣一入口便瞬間在口中迸開，微微辛辣加上蔬菜、肉品的本身的香甜，巧妙結合成完美風味，絕妙的滋味讓人一吃上癮。

薄野祭／すすきの祭り

　薄野不但是札幌雪祭期間冰之祭典的舉辦場所、夏季YOSAKOIソーラン祭り的會場，還有8月初由薄野自己舉辦的薄野祭，雖然規模並不大，但是熱鬧程度與可看性卻一點也不輸其他大型祭典。

⌂札幌市中央区南4条~南6条、西4丁目線 ⊙8月第1個週四~週六 ⓦwww.susukino-ta.jp

屋台

每年薄野祭的3天期間，在主舞台附近的街道便會封街辦起屋台來，每天晚上5點到10點半近一百間的店鋪同時開張，街道上只見眾人觥籌交錯，歡樂笑聲與食物香氣瀰漫整個空間。

YOSAKOIソーラン踊り

約20組隊伍一組接一組的全力競演，舞蹈中每個人都帶著大大微笑，輕快的曲風與眾人熱舞的場面，讓現場氣氛沸騰，是夏天不能錯過的橋段！

店家將雞高湯融合豬骨、柴魚等風味的高湯稱為W Soup（W Soup），是店家自豪的美味，喜愛稍濃厚風味的，可以選這個湯底。

湯美、味濃的薄野人氣深夜拉麵店。

① 麵屋 すずらん

⊕札幌市中央区南5条西4 ☎011-512-3501 ◷21:00~凌晨06:00 ㊡週日、不定休 ⑤雞汁鹽味拉麵¥830，W Soup味噌拉麵¥850

　　白色門簾小小的店家，若是晚餐時間來，應該不容易找到，因為要到晚上9點它才會將招牌燈打開、開始營業。**曾在知名拉麵店修業的店主，以雞高湯，及雞高湯融合豬骨、柴魚等風味的兩種風格高湯，擄獲許多人的胃。**其中以雞高湯融合豬骨、柴魚等風味，搭配軟嫩叉燒加入大量蒜泥的「味噌拉麵」最受歡迎。喜愛清爽口味的，以雞高湯為湯底搭配雞肉片的「鹽味拉麵」則是首選。

小編激推

③ 拉麵 欅 すすきの本店

⊕札幌市中央区南6条西3 ☎011-552-4601 ◷11:00~翌日3:00、週日及例假日10:30~翌日2:00 ㊡週三、不定休 ⑤味噌ラーメン（味噌拉麵）¥900 ⓦwww.sapporo-keyaki.jp

札幌味噌拉麵百百款，怎麼能漏掉這一家代表名店呢。

小編激推

　　「欅」是在札幌相當出名的拉麵店。**由雞骨和蔬菜熬煮12小時的味噌湯頭口味濃醇、香氣迷人**，配上口感極佳的熟成麵條、自家特製叉燒，加上白蔥、包心菜綠葉、紅蘿蔔等色彩繽紛的配菜，讓人從視覺和味覺徹底享受拉麵的美好。來到けやき的薄野本店，可要做好排隊的心理準備唷！

② Curry Shop S

⊕札幌市中央区南3条西4丁目(B1F) ☎011-219-1235 ◷11:00~22:30 (L.O.22:00) ⑤¥1,900 ⓦcurryshop-s.com

　　札幌的湯咖哩店相當多，各家口味也各有千秋，**位在薄野的「Curry Shop S」則有著和風、巴基斯坦風及湯咖哩火鍋等多種選擇，是許多名人都愛來的店。**以北海道產的蔬菜為主打，不但吃得到豐富又澎湃的蔬菜湯咖哩，愛海鮮的也能點個蔬菜與海鮮Mix版，其他季節版咖哩、雞肉、鹿肉咖哩也有。

融合海鮮、坦督里咖哩烤雞、超過10種蔬菜，North Product Special海陸大滿足。

入口處滿滿簽名板，許多名人都來過。

南3条西6

NORBESA

西7丁目通

➕札幌南三条病院

えびかに合戦（蝦蟹合戦）

④

②
Curry Shop S

⑥

磯金

資生館小学校前

Ⓗススキノグリーンホテル2

Ⓗ札幌東急イン

すすきの5条メイプル通

麵屋すずらん ①

成吉思汗だるま本店

すすきの南仲通

札幌市電

⑤ かに家

☖ 札幌市中央区南4条西2-11　☏ 011-222-1117　⏰ 11:00~15:00(L.O. 14:00)、17:00~22:30(L.O. 22:00)，週六日、例假日11:00~22:30(L.O. 22:00)。　$ かに 席(螃蟹會席料理)/1人份 共9-11道¥5,500起　ⓦ www.kani-ya.co.jp

螃蟹家是一家**大型的螃蟹料理連鎖餐廳**，連京都也有分店，札幌本店隔壁的螃蟹將軍也是同一個老闆所經營。這裡全年備有帝王蟹、毛蟹和松葉蟹的各種會席料理，可以一次品嚐。另外還有推出**多種特價螃蟹套餐**，¥2,700起的螃蟹小鍋膳，或是¥3,800起的會席料理，花少少的費用就能夠有如此豐盛的餐點，也只有大型連鎖店才做得到了。

熱愛螃蟹的人絕不能錯過新鮮蝦蟹吃到飽。

④ えびかに合戦 本店

☖ 札幌市中央区南4条西5 12F　☏ 011-210-0411　⏰ 16:00~22:30　㊡ 年末年始　$ 螃蟹吃到飽¥9,500起（限時90分鐘）　ⓦ www.ebikani.co.jp

想吃到便宜又美味的蝦蟹料理，當然不能錯過蝦蟹合戰。店裡提供了大約70種的蝦蟹料理，蒸、煮、烤、炸一應俱全。此外**還有大受歡迎的螃蟹吃到飽**，無論壽司、茶碗蒸、還有三大螃蟹長長的蟹腳肉通通吃個過癮。

北國山海珍饈饗宴。

⑥ 磯金

☖ 札幌市中央区南4条西4-11（すずらんビル2F）　☏ 011-252-1733　⏰ 17:00~23:00(L.O.22:30)、週五六及例假日前一天17:00~24:00(L.O.23:20)　㊡ 不定休、12月31日~1月1日　ⓦ www.isokin.jp

店裡食材均**嚴格選自當地**，能品嚐到的都是當季且品質保證的北海道生鮮。而店內料理的手法和調味更是一絕，例如看似簡單的冷麵沙拉，在磯金裡可是必點大熱門：松葉蟹撕成的蟹肉高高堆起，配上蕃茄、小黃瓜及帶有芝麻味的獨門醬汁，讓螃蟹的美味更添豐富層次。

円山公園

まるやまこうえん Maruyama Park

都市公園綠地 悠閒散策好去處

> 圓山公園就位在札幌市內。這個平時為當地區民散步休憩的公園綠地，到了櫻花季節就會搖身成為遊客爭相前往的賞櫻景點。周遭有許多小巧可愛的咖啡店和點心店，讓遊客放慢腳步，體會難得的閒情逸致。

ACCESS

電車
地下鐵「西18丁目」
站：東西線
地下鐵「円山公園」
站：東西線
地下鐵「西28丁目」
站：東西線

巴士
從JR札幌駅等處可搭乘札幌散策巴士（さっぽろ散策バス）、BURARI札幌觀光巴士（ぶらりサッポロ観光バス）至道立近代美術館、北海道神宮、圓山動物園或大倉山跳台滑雪競技場等景點。

> 綠草如茵的草地與歐風建築，非常適合來一場午後的浪漫散策。

② 知事公館

⌂ 札幌市中央区北1条西16 ☎ 011-611-4221 ● 9:00~17:00、庭園（公開區）8:45~17:30（依時期而異）㊡ 週末、例假日、日本新年，庭園12月~4月28日 ⑤ 免費

都鐸風格的知事公館，擁有白牆、黑瓦和鮮紅木條的外觀，令人聯想起浪漫的歐洲小鎮。公館建於1916年，原來是三井集團接待貴賓和高級成員的別邸，**從1936年直到今天，則為北海道知事接待貴賓的場所，因此被稱為知事公館。**室內深木色的迴旋樓梯、紋路細緻的吊燈和彩繪玻璃窗等十分別緻，公館四周則有茂盛的綠蔭和草地圍繞。

③ 北海道神宮

⌂ 札幌市中央区宮ヶ丘474 ☎ 011-611-0261 ● 自由參觀；神門關閉時間約16:00~17:00，詳情請洽官網。 ⊕ www.hokkaidojingu.or.jp

因為開發較晚，北海道的神社比起日本本島可說是相當稀少，具代表地位的北海道神宮，也在1869年才隨著日本政府一同進駐北海道。**北海道神宮是北海道總鎮守的守護神社，**每年最熱鬧的時候就屬新年參拜和櫻花時節，以知名櫻花為造型的鈴鐺御守也相當可愛。

> 大人氣的雙胞胎北極熊是園內必看動物明星。

① 円山動物園

⌂ 札幌市中央区宮ヶ丘3-1 ☎ 011-621-1426 ● 3~10月9:30~16:30、11~2月9:30~16:00（售票至閉園前30分）㊡ 12月29~31日、各月份不同，請見官網 ⑤ 大人¥800、高中生¥400 ⊕ www.city.sapporo.jp/zoo

小編激推

位在札幌的圓山動物園是**北海道最受歡迎、規模最大的動物園之一，**有熱帶動物館、類人猿館、海獸館等，其中最有人氣的就是雙胞胎北極熊寶寶，札幌還有許多以他們為主題設計的點心和商品呢！冬天前往動物園，還可看到企鵝、雪白的兔子、狐狸和貓頭鷹等北國動物在雪地裡充滿元氣的可愛模樣。

4 大倉山展望台

⌂ 札幌市中央区宮の森1274 ☎ 011-641-8585 ◔ 夏季約4月29~10月31日8:30~21:00、冬季11月4日~4月28日9:00~17:00。遇跳台滑雪大會或選手練習日，營業時間另有變動 休4月(詳細日期請見官網) ◈ 前往展望台的吊椅(國中生以上)來回￥1,000、小學生以下￥500，單程半價(每名家長可免費帶1名小孩) ⊕ okura.sapporo-dc.co.jp/index.html

　大倉山跳台滑雪競技場是1972年札幌冬季奧運會時，跳台滑雪項目的比賽場地，比賽選手會順著斜坡助滑道向下快速滑行，在空中飛躍之後著地，裁判則以跳躍距離和著地姿勢等作為評分依據。大倉山跳台滑雪競技場現在仍是專業比賽場地，平時也開放一般民眾參觀。搭乘纜車可以抵達跳台的展望台，除了遠眺市景，有時還能見到種子選手練習的英姿呢！位於競技場一側的札幌冬季運動博物館則展出歷代冬季奧運會的相關資料，**1樓的體驗區還可以免費體驗跳台滑雪、競速滑雪等運動的滋味。**

© 北海道觀光振興機構

© 六花亭 神宮茶屋店

六花亭 神宮茶屋店

⌂ 札幌市中央区宮ヶ丘474-48 北海道神宮境內 ☎ 011-622-6666 ◔ 9:00~17:00 休無 ⊕ www.rokkatei.co.jp

　位在北海道神宮境內，宛如神宮附屬茶屋般的這間六花亭，小巧的木造日式小屋內，提供參拜民眾一個可以坐下休憩、享用免費茶水的地方。店內也有販售六花亭的各式甜點，但**最特別的還是當店限定販售的「判官さま」(判官餅)。以加入蕎麥粉融合麻糬的餅皮，包覆鹹甜兼具的紅豆內館，吃之前店家還會將表皮煎得酥香呢**。判官餅是為了紀念北海道開拓之父「島義勇」而作，神宮每年也會舉行

© 六花亭 神宮茶屋店

5 円山公園

⌂ 札幌市中央区宮ヶ丘 ☎ 011-621-0453 ◔ 自由參觀 ⊕ maruyamapark.jp

　位於圓山北麓的圓山公園腹地廣大，林蔭茂密，圓山動物園、北海道神宮和幾個運動場地都算在公園範圍之內。**秋天時能欣賞紅葉，春季在公園與北海道神宮相接的地方更有1500餘株櫻花紛紛綻放**，是札幌市內的賞櫻名所。圓山公園鄰近一帶屬於高級住宅區，不少別緻的咖啡、甜點和餐廳也都集中於此區。

櫻花飛舞的森林公園，是圓山地區的重要景點。

小編激推

> 除常設展外也不定期舉辦特別展。

① 北海道立近代美術館

🏠 札幌市中央区北1条西17 ☎011-644-6881 🕐9:30~17:00(入館至16:30),詳見官網 🏠週一(遇假日順延)、換展期間、日本新年 🎫常設展大人￥510、高中大學生￥250(65歲以上免費、高中生週五免費);特別展價格不定 🌐www.dokyoi.pref.hokkaido.lg.jp/hk/knb/index.htm

　純白色的北海道立近代美術館建築顯得摩登而前衛,室外的青綠草地上,還擺放了數件北海道藝術家的裝置藝術作品。近代美術館**主要收藏範圍以明治之後的作品為主**,包括北海道相關或本地藝術家的雕刻、繪畫,以及巴黎畫派帕斯金和玻璃工藝等近代藝術作品。

② 三岸好太郎美術館

🏠 札幌市中央区北2条西15 ☎011-644-8901 🕐9:30~17:00(入館至16:30) 🏠週一(遇假日順延)、12月29日~1月3日,另有換展等不定休 🎫大人￥510、高中大學生￥250,中學生以下、65歲以上免費 🌐www.dokyoi.pref.hokkaido.lg.jp/hk/mkb

> 天才畫家短暫而絢爛的創作生命都在其中。

小編激推

　濃重得幾近凝滯的油彩、明亮而彷彿即將逃脫的標本蝴蝶……,**出身札幌的畫家三岸好太郎是日本戰前現代主義的代表畫家之一**,在他不到10年的創作生涯裡,留下不少個人色彩鮮明的作品,其中較知名的作品為道化系列、《交響樂團》和貝殼與蝶系列。相隔50餘年,由畫家親自設計、原先作為工作室用途的美術館建築,風格依然現代,而作品當中強烈的情緒,也橫跨歲月,打動觀者的心。

本郷新記念館
札幌彫刻美術館
北海道神宮
六花亭神宮茶屋店
北海道神宮
札幌ウインタースポーツミュージアム(札幌冬季體育博物館)
円山公園
大倉山展望台
荒井山
総合グランド前
円山動物園
大倉山競技場入口
円山動物
宮の森2条16
宮の森2条17
円山原

③ 森彦

⌂札幌市中央区南2条西26-2-18 ☎0800-111-4883 🕐9:00~20:00(L.O.19:00)，週末及例假日8:00~20:00 (L.O.19:00) 💲森の（森之雨滴咖啡）¥748 🌐www.morihico.com

> 在老建築裡被咖啡香圍繞，充滿香氣的幸福讓人陶醉。

小編激推

被長春藤覆蓋的小屋內，傳來陣陣咖啡香，**咖啡店森彦就像是一間座落在森林的童話小屋**，吸引過往路人一探究竟。館內由50年以上歷史的民宅改建，原木桌椅不經意地透露出歲月痕跡。手工沖煮的咖啡搭配樸實美味的蛋糕小點，幸福滋味盡在不言中。

④ 宮越屋珈琲 本店

⌂札幌市中央区南2条西28-1 ☎011-641-7277 🕐10:00~21:00 💲咖啡¥605起 🌐www.miyakoshiya-coffee.co.jp

在日本擁有近30間分店的宮越屋珈琲，主要分布在札幌與東京地區，每間分店的風格、氛圍都各異其趣，倒像是一間間自成一格的獨立咖啡廳。其中，**位在圓山地區的本店為宮越屋珈琲的一號店，融入在圓山的沉靜、優閒氣息中**，在咖啡香氣中，一邊靜享一人的咖啡時光，或是與朋友午茶閒聊，都十分適宜。

往二十四軒
西28丁目駅
向陵中
Anniversary
CHOCOLAT FLANDERS
Natural Island
地下鉄東西線
① 円山茶寮
西本願寺札幌別院
東光ストア
一久 大福堂
札幌龍谷学園高
三岸好太郎美術館 ②
道立 ①
近代美術館 spacel-15
知事公館
日曜日のクッキー
castanet ⑤
maruyama class
円山公園駅
西18丁目駅 ⑤
attraction
宮越屋珈琲本店 ④
Monic
Le Sucre
六花亭円山店
③ 森彦
札幌医大 ⊕
医大病院
森林
信廣寺
Pearl Montdore
西線6条
札幌市電

> 在店門口可愛響板小熊的迎接下，探訪這間原創商品店。

⑤ castanet

⌂札幌市中央区大通西17-1-13レアリゼ大通西1F ☎011-640-5225 🕐11:30~19:00 🈺週一、二 🌐castanet-jp.com

Castanet是以「可以用很久的好東西」為店旨的原創商品店，從原本一坪左右的超小店面成長為現在寬敞舒適的空間，商品也從響板小熊的原創商品，變為現在**結合「北海道」與響板小熊，創作出高品質、可以長期使用的可愛土產**。從店家推薦的oke craft木製圓鏟、印有北海道方言講座的手帕，到有響板小熊圖案的T恤、糖果、提袋等，都是此處獨有的商品，錯過了可就找不到囉。

① space1-15

⚑札幌市中央区南1条西15-1-319 ●12:00~18:00(依店家而異) ⊕www.space1-15.com

獨一無二的原創店鋪聚集地，每一家店都有獨特個性。

小編激推

　隱身在巷弄公寓內的space1-15外觀看來平凡無奇、毫不起眼，但裡面卻是別有洞天。**分布在2~6樓約20間的特色小舖**，除了有咖啡廳與小餐館可以享用美食外，絕大部分都是**手創雜貨的創作、販售空間**，推開門，展現創作者個性的空間內是一件件凝聚心思的雜貨，每間店就像是一個藝術空間，揮灑店主的品味與無限創意。

本郷新記念館
札幌彫刻美術館
北海道神
六花亭
神宮茶屋店
札幌ウインタースポーツミュージアム
(札幌冬季體育博物館)
北海道神宮
円山公園
大倉山展望台
荒井山
総合グランド前
円山動物園
大倉山競技場入口
円山動
宮の森2条16
宮の森2条17
円山原

布製的風格雜貨不僅甜美，舒適手感更讓人上癮。

yurarîka

⚑space1-15 207 ☎011-215-9385 ●週四~週日13:00~18:00 ㊡週一~週三 ⊕yurarika.com

　2005年創業的yurarîka於2012年初入駐space1-15，**鮮艷明亮的生活布雜貨**讓人一進入店內就眼睛一亮，架上可愛的碎花、線條或水滴圖案的商品，幾乎以純棉或是麻布所製成，簡單的裁縫更顯其清新大方，不僅外型可愛，摸起來質感也極佳，看了就讓人萌生「有這件商品真好(あったらいいな)」的想法，而這也正是yurarîka的創作標竿。

KITCHEN TOROIKA

⚑space1-15 401 ☎011-644-0121 ●週四~週日12:00~20:00 ㊡週一 週三 ⑤フレンチコーヒー(法式咖啡)¥520 ⊕toroika401.blogspot.tw

隱身住宅中的人氣咖啡廳，溫雅的氛圍非常自在。

小編激推

　以「廚房創作的東西」為概念，kitchen TOROIKA**將餐桌上的自家料理視為手工作品，用心製作每份餐點**，在這個創作空間內，開放式廚房可讓客看到製作過程，小巧的店內如居家般地舒適，吸引賓客們在此一邊用餐一邊熱鬧暢談。唯一美中不足的地方，就是店內可容納的人數實在太少，但如果遇上客滿時也不要失望，入口處還可以購買當店手工烘焙的麵包與餅乾，美味程度也不輸給菜單上的餐點唷。

書庫．303

⚑space1-15 303 ●週六~週日13:00~~18:00左右 ㊡週一~週五

　深埋在牆上的書架上擺滿書籍，形成了書庫303的「書壁」，這些都是店長長年來蒐集的書刊，**選定喜歡的書，點杯深焙煎咖啡後坐下來細細閱讀，便是這裡最佳的享受方式。**

　書看累了，除了起來伸展一下，還可以看看店內的雜貨與裝飾，搭配「書與書桌周邊」的意象，關昌生的鋼線作品精巧地惹人愛憐、店長山口詩織的文具品色彩明亮、古田真紀的玻璃創作優雅中帶點神祕…每個都讓人愛不釋手，悠閒的午後就在心滿意足中流洩而過。

充滿書香、咖啡香與質樸手感的手作雜貨，書庫303就是這麼一間充滿文青氣息的地方。

52

自然休閒的女裝舒適實搭。

Green Parks topic

⚲maruyama class 2F ☏011-688-6266

Green Parks系列商店**集結了20個以上的品牌服飾**在店內販售，依據顧客的生活型態進行不同的搭配與分類，以風格細分為三種主題店鋪，其中以郊外活動女性休閒服飾為主的Green Parks topic，店內除了衣服外，相同風格的配件也陳列於店中，可一次整體搭配全身行頭。

町村農場 札幌円山店

⚲maruyama class 1F ☏011-688-6255 ⑤生チョコとマスカルボーネのパフェ(巧克力起司聖代)¥880 ⓤmachimura. mimoza.jp/shop

創立近90年的町村農場，使用北海道江別市的自家農場牛奶、奶油、小麥等原料，製作出冰淇淋、優格、甜甜圈等各式點心，北國富饒大地所產的優質、安全牛乳，健康美味無庸置疑。店內最熱賣的商品，以口味**清甜中帶著濃濃奶香的聖代、冰淇淋，以及使用天然酵母、每天手工現做現炸的甜甜圈最受推崇。**

簡單卻奢侈的甜美滋味在口中散開，幸福感也隨之油然而生。

②maruyama class

⚲札幌市中央区南1条西27-1-1 ☏011-614-4147 ◐商店10:00~20:00、餐廳11:00~22:00 (詳細時間依店家而異) ⓗ不定休 ⓤmaruyama-class.com

2009年開業的maruyama class，佔地約7,700平方公尺，吸引近90間店鋪進駐，**是當地最大型的購物中心。**在這處充滿文化、歷史、綠意的圓山街道上，提供當地居民休憩、遊樂的空間，館內書店、餐飲、甜食、百元商店、雜貨、超市一應俱全，因此也成為旅客們的新興旅遊景點。

清爽的空間裡有著琳瑯滿目的鞋款，讓你盡情挑選。

little walk to a park

⚲maruyama class 2F ☏011-590-1810

帶著去公園散步般的輕鬆心情，來逛逛這間little walk to a park吧！為了營造出公園的開闊、優閒感，店家預留寬闊的走道空間，架上的商品也排得井然有序、不會過份擁擠，空間中甚至還裝飾著綠意植物，所有**商品清一色都是清新的造型與淡雅的色調**，整體視覺感受十分舒服，逛起來也非常愜意。

1 Le Sucre

🏠札幌市中央区南1条西21-2-7裏参道沿　☎011-640-6699　🕐週五～週日18:00~22:00（L.O.20:00）週五～週日　🚫週一~週四料理教室時間，不營業　💰晚餐套餐￥6,600起（含稅）　🌐www.le-sucre.net

若是說到円山地區的法式料理及甜點，Le Surce絕對有一席之地。

小編激推

在圓山地區擁有高度人氣的Le Sucre，從正餐、小菜到甜點，每一項都大受好評，主廚兼店主的松田勝春利用節令時蔬，變換出美味的法式料理與洋風小菜，**隨著季節轉換，幾乎每一天都會更換菜色內容**，店家雖無太多招牌料理，卻每一道是美味無比。以甜點起家的Le Sucre，甜食的美味更是不在話下，可惜店面轉移以後只剩下不定時推出的預約制蛋糕，不過若是享用晚餐的話，就可以品嚐到當地人心心念念的美味甜點了。

2 一久 大福堂 札幌円山店

🏠札幌市中央区北1条西24-2-11　☎011-614-1990　🕐9:00~18:30　💰白大福 こしあん￥130　🌐www.daifukudo.co.jp

旭川的和菓子老舖一久大福堂於1997年進軍札幌，現在在札幌當地已拓展至13間分店，10餘年間人氣始終居高不墜。店內販售大福、串丸子、御萩等各種日式小點心，其中的招牌──大福，**使用北海道糯米的麻糬外衣搗得綿細軟Q**，內餡的紅豆則選用美瑛產的高品質「しゅまり(朱鞠)」，皮薄又富含營養的紅豆風味絕佳，嘗來十分滿足。

一久大福堂還會隨季節推出限定口味，傳統甜點結合創新食材，喜歡嚐鮮的人一定要品嚐看看。

3 Atelier Anniversary 円山店

纖細精緻的美味甜點，每一件都讓人不忍破壞。

🏠札幌市中央区北1条西28-6-1　☎011-613-2892　🕐10:00~18:00（tea room 11:00~17:00）　🚫週一(遇假日順延)、每月第二個週二　💰キャラメルりんごのティーケーキ(焦糖蘋果糕捲)￥303　🌐www.anniversary-web.co.jp

小編激推

本店位在東京南青山的Anniversary，店頭隨時陳列了數十種色彩鮮豔可口的蛋糕。以「紀念日」做為主題，店裡每個蛋糕都像是**藝術品一樣**，漂亮地讓人不忍動手。特別推薦季節水果派，北海道

本郷新記念館
札幌彫刻美術館
北海道神
札幌ウインター
スポーツミュージアム
(札幌冬季體育博物館)
六花亭
神宮茶屋店
北海道神宮
🚇大倉山展望台
円山公園
荒井山
総合グランド前
円山動物園
大倉山競技場入口
円山動物
宮の森2条16
宮の森2条17
円山原

④ 円山茶寮

⌂ 札幌市中央区北4西27-1-32　☎ 011-631-3461　⊙ 11:00~22:00　㊡ 週四(週假日營業)　⑤ いちごぜんざい 白玉入(草莓紅豆湯圓)¥1,100

　已經有近30年歷史的圓山茶寮，是**由昭和時代古老民宅改裝而成**。這間咖啡店外觀雖不甚起眼，卻有股神奇的力量，讓造訪客人忍不住放慢腳步。店內放滿了各種類型的書籍，在悠揚的樂聲中，就算獨自一人也可以盡情放鬆。

部分牆壁空間露出竹編外牆、樸拙中也顯現建築空間的歷史感。

每日限量，最好先預約比較保險。

⑤ かまだ茶寮 円山

⌂ 札幌市中央区南2条西25-1-31　☎ 011-616-0440　⊙ 11:00~17:00(L.O.16:30)　㊡ 週一　⑤ 円山手織り寿司¥2,200　ⓦ https://kamada-saryo.com/about/

　狹窄的小巷弄裡這家超過70年歷史古民家改建的和風咖啡屋，**古樸內部風格氣氛讓人瞬間放鬆外，來這不僅可喝茶吃甜點，讓人更雀躍的目標是店內推出的手織り寿司**，大約30公分見方的平盤一端上桌，幾乎沒有人不驚呼出聲的，宛如桌上開出繁花似錦的花毯般，季節蔬果、海鮮就一一以最美的優雅姿態鋪陳滿桌，讓人一整日心情都變好。

位於札幌車站北側的北海道大學是日本七帝大之一，前身為開拓使時期(1876年)創建的札幌農學校，在橫跨北7条至北18条的廣大校園裡，最吸引人的莫過於美麗的自然和四時變換的景色。校園內保有古河紀念講堂、第二農場校舍等古蹟建築等，在幾間食堂裡則可以嘗到平價的學生料理。

06

ほっかいどうだいがく

北海道大學

Hokkaido University

大學校區巡禮 美景美食文化一把抓

ACCESS

電車
地下鐵「北18条」站：
南北線
地下鐵「北12条」站：
南北線
地下鐵「さっぽろ」站：
東豐線
JR「札幌」站：函館本
線、千歲線、札沼線

1 FLAGSTAFF CAFE

⌂ 札幌市北区北九条西 4-10　☎ 011-746-7971　⊙
10:00~20:00(週六、假日11:00~19:00)　休 週日
flagstaff.blog.shinobi.jp

　就位在北海道大學校門口的這家小咖啡店，翻開咖啡單上豐富羅列的至少18種的各式咖啡選項，就知道老闆對咖啡的堅持，以黑咖啡為主，點咖啡前老闆還會細心提醒他的**咖啡並不提供糖跟奶，為的就是讓顧客喝到咖啡原本的細緻滋味**。不喝咖啡的，同樣有多達10多種的紅茶或不含咖啡因飲料及甜點可以選。

由創園時期保存至今的博物館、警衛室等木造建築群也值得一覽。

2 北大植物園

百年歷史的植物寶庫，多樣的花彩讓人目不暇給。

小編激推

⌂ 札幌市中央区北3条西8
☎ 011-221-0066　⊙ 夏季
9:00~16:30(10月~11月3日
9:00~16:00)，冬季僅溫室開放，
11月4~4月28日10:00~15:30、
週六10:00~12:30。入園至閉園前
30分　休 週一(遇假日順延)，天候不佳
可能會臨時休館；冬季休週日、例假日、12月
28日~1月4日　$ 夏季大人¥420、中小學生
¥300(5月4日可免費入園)，冬季¥120　⊙
www.hokudai.ac.jp/fsc/bg/

　北大植物園是**日本第二古老的植物園，擁有超過百年歷史**。1886年，北大的克拉克校長說服了開拓使，將原本的牧羊場預定地保留下來，成了現在佔地廣闊的植物園。園內保有百餘年前札幌原生植被以及一般都市少有的舒適草坪，也能欣賞到包括玫瑰園、高山植物園、溫室等不同主題區域中的4000餘種植物。

在地學生力推的超人氣湯咖哩名店，美味之外，趣味的菜名也很吸睛。

小編激推

3 PICANTE

🏠札幌市北区北13条西3 アクロビュー北大前1F ☎011-737-1600 🕐11:30~23:00(L.O.22:45) 💲湯咖哩￥970起
🌐www.picante.jp

北大學生全力背書的PICANTE是湯咖哩的超名店，以30種以上的香辛料做為咖哩湯頭基底，不論口味和名字都很獨特：例如用魚骨慢熬2天而成的招牌湯頭名喚「開闢」，其他湯頭的名字也相當特別，像是「38億年之風」、「アーユルヴェーダー阿育吠陀」等等。主菜配料除了常見的雞腿、蔬菜，還有海鮮、白酒燉小羊肉、香酥蝦等可以選擇。

和洋折衷歷史建築，洋室整體華麗精美，和室則是日本傳統的書院風格。

4 清華亭

🏠札幌市北区北7条西7 ☎011-746-1088 🕐9:00~17:00 ㊡年末年初 💲免費

這間小而優雅的木造建築位於北大校園不遠處，曾是開拓使接待外賓的招待所。包圍清華亭的林蔭綠地，是開拓使的公園「偕樂園」殘留下的部分，而**清華亭本身則是建於1880年的和洋折衷式建築**。從外觀的玄關、六角窗、外牆和屋頂等，可以明顯感受到洋風色彩，屋內則為洋室與和室相連的奇妙組合。

① 古河講堂&克拉克博士像

🏠札幌市北区北8条西5 北海道大學內　❗古河講堂不開放入內，僅能欣賞建築外觀

　　與第二農場同樣列為國家重要文化財的古河講堂，這棟由古河家族所捐贈建造的木造建築，是目前古河家族捐贈8棟建物中僅存的一棟。**1909年的建築目前是文學研究室，並不開放一般人入內參觀，但優雅的維多利亞與法式綠色屋頂建築形式，仍相當值得一看**。講堂前方則是札幌農學校首任校長、也是北海道開拓時期重要人物的克拉克博士銅像，很多人都會來這跟他合照。

② 北海道大學総合博物館

🏠札幌市北区北10条西8北海道大學內　☎011-706-2658　🔽10:00~17:00，6至10月的週五為10:00~21:00　⛔週一，12/28~1/4　💲免費參觀　🌐www.museum.hokudai.ac.jp

　　成立於1999年的北海道大學綜合博物館，是一間**以收集標本為主題的博物館**，收集時間自前身的札幌農學校開始至今，超過400萬件的標本與各式資料，不論就學術研究、參觀價值都相當驚人，4層樓的範圍內，雖不是全部開放，但也相當值得一看。

③ 中央食堂

🏠 札幌市北区北11条西8北海道大學內　☎011-726-4780　🕐11:00~19:00　🈚不定休　🌐www.hokudai.seikyou.ne.jp/bhours/（建議先上網確認再前往）

> 平均￥500~600就能吃飽飽，便宜價格實在太感人！
>
> 小編激推

中央食堂就在博物館附近，雖然是學生食堂，但一般人也可以進去用餐，1樓是採自助式取餐，有小菜區也有單點區、沙拉及飲料區，入口就有各式單點料理照片與價格，但注意**週一至五11:30~13:00，外人禁入用餐喔**，畢竟學生優先啊。

> 模範家畜房與其後方的穀物庫，是1877年最早蓋建、以西洋農業建築及畜牧技術開始發展北海道畜牧的起點。

④ 第二農場

🏠 札幌市北区北8条西5北海道大學內，鄰近環狀校門口側　🕐戶外8:30~17:00，室內展示10:00~16:00（5/8~11/4）　🈚每月第4週的週一，冬季休館11/4~4/28　💲免費參觀　🌐www.museum.hokudai.ac.jp/outline/dai2noujou/

> 見證北海道農畜發展軌跡的重要古蹟。
>
> 小編激推

被列為**國家重要文化財而珍貴保存的第二農場，以數棟從1877~1911年陸續建造的農畜相關設施為中心**，而形成的一處北海道開發時期重要農畜發展實驗中心。以圍籬圈起來的區域內共有9棟以木造、磚造及石造的建築，主要是當時畜養牛馬的畜舍、穀倉及製乳所等設施，當時的機具也都被保存在裡面。

> ➤ **來北大就是要騎單車阿**
>
> 北海道大學校園廣大、建築美麗又有很多景點可看可逛，光是可看景點就多達33個。如果很多點都想去，用單車行進絕對是正格，因為光是從綜合博物館走到第二農場，距離就要將近1.1公里喔。可以先到大門口旅遊中心或博物館裡拿份校園地圖，就能一一輕鬆拜訪想去的地方囉。

⑤ 銀杏道&白楊木道

🏠 札幌市北区北8条西5北海道大學內

以農學校開始發展的北海道大學，百年前就由林學科的學生在校園植下不少美麗林木。其中又以1903年種植的白楊木道，及1939年種植的銀杏道可說是校園內美麗的知名景致，**尤其秋天一到，銀杏道上黃澄澄一片，吸引不少遊人。**

札幌近郊

さっぽろこうがい Sapporo-kogai

北海道第一大都會廣域玩樂 購物美食超享受

札幌近郊還散落著許多知名的景點，可以到綠意盎然的中島公園中放空一整個下午、藻岩山賞燦爛夜景、白色戀人公園參觀製作過程、札幌巨蛋看球賽或演唱會，還等什麼，快點把近郊景點排入行程吧！

ACCESS
由於近郊交通相差甚遠，每個景點的交通方式請參考景點介紹。

① 中島公園

🚇地下鐵南北線「中島公園」站1、3號出口徒步約1分 🏠札幌市中央 中島公園1 ☎011-511-3924 ⏰自由參觀 🌐www.sapporo.travel/find/nature-and-parks/nakajima_park

越過薄野的眾聲喧嘩，由豐盈綠樹與清淺池水包圍的中島公園，彷彿一片充滿寧靜的都市綠洲。**公園裡有古蹟豐平館、札幌音樂廳Kitara、道立文學館和迷你天文台等藝文設施**，另外也有正統的日式庭園和茶室八窗庵可以參觀。每到假日，不少許多市民會來這裡散步、遛狗、閒坐，或在鴨兒漫游的水池裡，悠哉地划划手搖船。

一草一木盡是優雅美景。

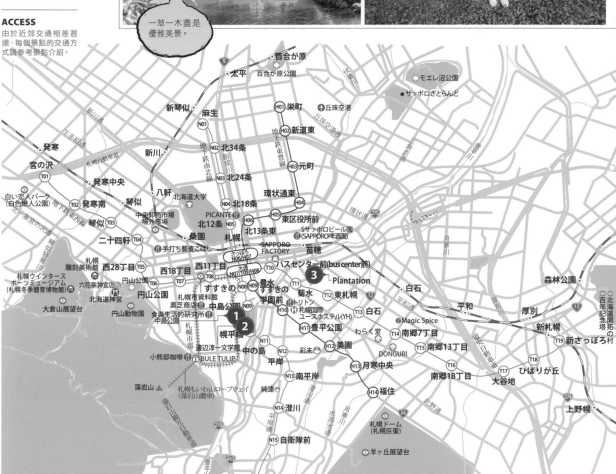

豐平館

🏠 札幌市中央区中島公園1-20　☎011-211-1951
🕐9:00~17:00　休每月第二週的週二、12/29~1/3　💲門票￥300，中學生以下免費　🌐www.s-hoheikan.jp

館內復原並展示明治天皇與其隨從所住宿的各個房間擺設樣式。

優雅的白色歷史建築，也能在裡面喝咖啡，感受華麗氛圍。

小編激推

明治時期作為開拓北海道而由官方所設立的豐平館，以旅館用途於1881年落成，首位入住者便是明治天皇，其後雖歷經時代演變而不斷轉換功能，但其與北海道開拓時期甚至是長期作為市民公民會館、婚宴會場，對於札幌老一輩來說，都是重要的歷史印記。1957年因原址空間不敷使用，而決議將整個豐平館拆解重新立地於中島公園內，**1964年被國家指定為重要文化財。**

札幌市音樂廳Kitara

🏠 札幌市中央区中島公園1-15　☎011-520-2000
🕐10:00~17:00(有演出的日期則至表演結束)　💲依演出活動而定　🌐www.kitara-sapporo.or.jp

1997年於公園內蓋建的音樂廳Kitara，不但**是北海道第一座音樂廳、也是被許多音樂家所認定的優質演出殿堂**，其中能容納2,008人的大音樂廳，以環繞式競技場設計，觀眾席將表演者圍繞在中間，木質優雅而充滿設計細節的音樂廳，加上專供入場者中場休憩咖啡區與藝廊區，讓音樂饗宴更多元。而即使時間安排不便來場音樂會饗宴，也可在1樓大廳旁的咖啡廳，透過落地玻璃欣賞中島公園美景。

② 渡邊淳一文學館

🚇地下鐵南北線「中島公園」站3號出口徒步約7分、市電「中島公園通」站徒步約3分　🏠札幌市中央区南12条西6-414　☎011-551-1282　🕐9:30~18:00、11~3月9:30~17:30(入館至閉館前30分)　休週一(遇假日順延)、日本新年　💲大人￥500、高中・大學生中￥300、小學生￥50　🌐watanabe-museum.com　❗團體預約時可申請館內導覽

以《失樂園》馳名日本、台灣的知名作家渡邊淳一，出身於北海道的札幌。中島公園一側的渡邊淳一文學館是由建築師安藤忠雄設計的簡潔清水模建築，**館內1樓展出渡邊淳一所有著作，2樓則介紹其寫作經歷**，包含他各期的寫作風格與原稿展示等，當然也有風靡一時的「失樂園」特區。

工業風的設計空間，也是吸引旅人到訪原因之一。

館內重現文豪創作的歷程。

③ Plantation

🚇地下鐵東豐線「菊水」站4號出口徒步約10分　🏠札幌市白石区菊水8条2-1-32　☎011-827-8868　🕐11:00~19:00(L.O.餐18:00、飲料18:30)　休年末年始　🌐www.morihico.com

Plantation改造自老舊倉庫，**由札幌知名咖啡名店森彥開設**，將這裡打造成巨大的咖啡基地。店舖一樓是烘焙作業廠以及廚房，可以看到巨大的烘豆機不停運轉，一旁還堆滿了一袋袋咖啡豆，二樓則是座位區，簡單舒適的擺設讓人不由得沉浸在這個充滿咖啡香的空間之中。

四季色彩與藍色屋頂、黃白外牆相襯，更顯優美。

② 舊小熊邸

🚃市電ロープウェイ入口(纜車站)下車，徒步約7分 🏠札幌市中央区伏見5-3-1 ☎011-213-1235 ⏰11:00~20:00 🈂週四

藻岩山麓纜車站下方的旧小熊邸位在山坡上，被自然環繞的美麗景致，透過四季變化更加襯托出他的與眾不同。這棟**原本屬於農學校小熊教授的**私人宅邸，是由美國現代建築設計大師**Frank Lloyd Wright的弟子田上義也所設計**，傾斜的屋簷與大大的五角形窗，充滿端正的水平之美。從市區移到這裡並加以修復，是屬於札幌的歷史印記。

① 藻岩山展望台

🚃從市電「ロープウェイ入口」站徒步約13分，或徒步1分至南19西15處搭乘免費接駁車(約15分1班)，約5分即達もいわ山麓駅(藻岩山山麓纜車站)；或從地下鐵東西線「円山公園」站2號出口搭乘「[循環円10・循環円11]ロープウェイ線(纜車線)」約15分至「ロープウェイ前」站下車徒步5分；JR札幌駅可在巴士總站7號月台搭乘[啟明線50]直達「ロープウェイ前」站，約37分。 🏠札幌市中央区伏見5-3-7 ☎011-561-8177(藻岩山山麓纜車站) ⏰10:30~22:00、12~3月11:00~22:00(最後搭乘時間21:30) 💲ロープウェイ+ミニケーブルカー(纜車+迷你纜車)來回大人¥2,100、小學生以下¥1,050 🌐mt-moiwa.jp/

海拔531公尺的藻岩山是札幌人週末的踏青去處，2011年底展望台重新開放，可選擇搭乘纜車後轉搭驅動方式為世界首創的迷你纜車前往。**白天可以一覽市區全景，夜晚則有璀璨閃爍的夜景**，是熱門的約會景點。

3 中央卸売市場 場外市場

🚇 地下鐵東西線「二十四軒」站5號出口徒步約10分，JR桑園駅徒步約13分 🏠 札幌市中央区北11条西21-2-3 ☎ 011-621-7044 🕐 6:00~17:00(依店家而異)，飲食店7:00起 🌐 www.jyogaiichiba.com

便宜又新鮮的餐廳與食堂更是饕客們大打牙祭的好地方。

若説二条市場是札幌市民的傳統菜市場，那札幌市**中央卸売市場就是大盤商與中盤商的大批貨市場，地位等同於東京的築地市場**，且同樣分成盤商競標用的「場內市場」，以及適合一般遊客觀光嘗鮮的「場外市場」。聚集約60間店鋪的場外市場，總是充斥著各種食材的香味，以及老闆們精力十足的叫賣聲，不但用日文，還會夾雜著簡單的中英韓文，並奉上美味的各色試吃品，讓來自各國的觀光客都感到興致盎然。

メルカードキッチンまる

🏠 中央卸売市場 場外市場內 ☎ 011-641-2721 🕐 9:00~13:00 🍴 三色丼-B定食￥1,600

海產店老舖丸市岡田商店2F的餐廳一まる，以西班牙語的海(MAR)命名，**很多人對他的一致評語幾乎都是新鮮、美味又便宜**，果然這裡隨便點一份，都是份量滿滿，各式海鮮的鮮度沒話説之外，宛如家庭食堂般氛圍，服務員大都是媽媽級更讓人備感親切，也有榻榻米座位區，有小孩的家庭成員一起來也很舒適。

三色丼上擺滿帆立貝、甜蝦、鮭魚卵外，還附上6碟好吃的珍味小菜、味噌湯、夕張哈密瓜果凍，簡直太滿足了。

濃厚的豚骨滋味，正是正宗札幌味噌拉麵的美味。

4 さっぽろ純連 札幌店

🚇 地下鐵南北線「澄川」站北口徒步約7分 🏠 札幌市豐平区平岸2条17-1-41 ☎ 011-842-2844 🕐 11:00~21:00 🈺 週一 🍴 味噌ラーメン(味噌拉麵)￥900 🌐 www.junren.co.jp

昭和39年創業至今的純連和另一家札幌味噌拉麵超名店「すみれ」系出同源，在北海道只有兩家分店，因此儘管位於偏離市區的澄川，想吃還是得乖乖排隊。純連謹守先代傳承的口味，**以豚骨為基底，加入上等的丁香魚、香菇、昆布和蔬菜慢熬出的味噌湯頭，口感豐富而濃厚**，齒頰留香，是札幌正宗味噌拉麵的好味道。

5 手打ち蕎麦 こはし

🚇 地下鐵東西線「二十四軒」站6號出口徒步約8分 🏠 札幌市中央区北10条西21-1-2 ☎ 050-5493-2172 🕐 11:30~14:30 (LO.14:00)、週末及例假日11:00~15:30 (LO.15:30)；12/30、12/31 17:30~20:00 (LO.19:30) 🈺 週一、二 🍴 せいろそば(蒸籠蕎麥麵)￥850 🌐 h672700.gorp.jp/

隱身在巷弄裡的手打ち蕎麦 こはし，天然矽藻土的天花板與牆面、無塗料的真樺木地板與木質桌椅，營造出高雅舒適的室內空間。店內的蕎麥麵為每天早上以石臼新鮮現磨的蕎麥粉手工製成，嚴選自北海道產的頂級蕎麥，讓這裡的蕎麥麵香氣濃醇、順口彈牙，其中**最為推薦的就屬蒸籠蕎麥麵**，夾起Q彈麵條沾取沾醬，一口吸入，蕎麥香氣與醬汁鹹香衝入口中，一試就深深著迷。

① 白色戀人公園

🚇地下鐵東西線「宮の沢」站5號出口徒步約7分；或從JR札幌駅前巴士總站1號乘車處搭乘中央巴士「[高速おたる号]小樽（円山経由）」至「西町北20丁目」站下車後徒步約7分，約40分，車資￥210 🏠札幌市西區宮の沢2-2-11-36 ☎011-666-1481 ⏰10:00~17:00 💲大人￥800、中學生以下￥400、3以下免費；手作巧克力餅乾體驗1個￥800起(需預約) 🌐www.shiroikoibitopark.jp

　充滿歐洲風的白色戀人公園，彷彿是巧克力的夢幻城堡。在濃濃的巧克力香伴隨下，**遊客可以參觀北海道人氣點心——白色戀人的製造過程、巧克力歷史和各種相關的收藏品。**

② 札幌巨蛋

🚇地下鐵東豐線「福住」站3號出口徒步約10分；遇大型活動時可從地下鐵南北線「真駒內」站、南北線「平岸」站、東西線「南郷18丁目」站等處搭乘接駁車前往，車資￥210 🏠札幌市豐平区羊ケ丘1 ☎011-850-1000 ⏰展望台10:00~17:00 💲展望台：大人￥520、中小學生￥320、小孩免費；巨蛋導覽(約50分)：大人￥1,050、小孩￥550；展望台與巨蛋導覽聯票：大人￥1,250、中小學生￥700 🌐www.sapporo-dome.co.jp

　2001年落成的札幌巨蛋造型前衛，銀弧狀的**外觀充滿未來感**。這座耗資422億日幣打造的**札幌巨蛋是職業棒球隊北海道日本火腿鬥士和足球隊CONSADOLE SAPPORO的地主球場**，不但可以更換地面草皮，也是世界上唯一能同時進行足球與棒球賽的超級雙球場。從向外突出的空中展望台可以遠眺高山。

3 北海道開拓の村

重演開拓時代的歷史場景。

🚃 從地下鐵東西線「新さっぽろ」站(與JR新札幌駅相通)10號乘車處搭乘JR巴士「22・新22開拓の村線」至終點「開拓の村」站下車，約20分，車資¥210 🏠 札幌市厚別區厚別町小野幌50-1 📞 011-898-2692 ⏰ 9:00~17:00、10~4月9:00~16:30(入村至閉園前30分) 🈺 週一(遇假日順延、5~9月無休)、12月29日~1月3日 💰 大人¥800、高中大學生¥600，中學以下免費 🌐 www.kaitaku.or.jp

　位於野幌森林公園內的北海道開拓の村，**將明治、大正、昭和時期約60棟建築物重建復原於此，並以市街地群、漁村群、農村群、山村群4大區域來分別展示**，除了建築外觀的復原外，不少建築的內部也復原當時的生活風景，或是改裝成小店、食堂等，相當有趣。從開拓之村入口附近到農村群前，夏天有馬車、冬天則有馬橇往返運行。

雕刻藝術的全新演繹，是札幌市郊的熱門藝術景點。

5 モエレ沼公園

🚃 從地下鐵東豐線「環狀通東」站1號乘車處搭乘中央巴士「東69・東79北札苗線」至「モエレ公園東口」站下車，約25分、車資¥210 🏠 札幌市東區モエレ沼公園1-1 📞 011-790-1231 ⏰ 7:00~22:00(入園至21:00) 💰 免費 🌐 moerenumapark.jp

　藝術家Isamu Noguchi長年旅居美國，在58歲高齡踏上札幌，竟從一塊曾經是垃圾場的淤水沼澤地裡看出了不一樣的東西。這件耗時16年的巨型雕刻作品，有水流緩慢的モエレ沼澤環繞；**有座玻璃金字塔，隨著光線變化，映照出不同的線條光影**，也讓所有行走其中的人們，都成為作品的一部分。

不僅博士的雕像常常出現在札幌的各式小物上，眼前風景更是北國代表風景。

順著博士的指示，欣賞寬闊的札幌市景吧。

小編激推

4 札幌羊之丘展望台

🚃 從地下鐵東豐線「福住」站3號出口的4號乘車處搭乘中央巴士「福84羊ヶ丘線」至終點「羊ヶ丘展望台」站，約10分、¥210；4~11月間亦可從JR札幌駅附近的札幌東急南口前2號乘車處搭乘中央巴士「89羊ヶ丘線」至終點「羊ヶ丘展望台」站，約38分、¥240 🏠 札幌市豐平區羊ヶ丘1 📞 011-851-3080 ⏰ 9:00~17:00、6~9月9:00~18:00，各設施會依季節會調動時間 💰 大人¥600、中小學生¥300 🌐 www.hitsujigaoka.jp

　展望台前的銅像是以一句「少年們，要胸懷大志！(Boys, be ambitious!)」而聞名北海道的北大首任校長克拉克博士。順著博士手指的方向，視線越過綿羊們吃草的起伏丘陵，就能望見札幌在地平線上的市景。**或許因為這樣的景色太符合人們對北海道的印象，因此成為具代表的景點之一**。展望台一旁有可吃成吉思汗烤羊肉的羊之丘餐廳，賣冰淇淋、禮品的羊之丘澳洲館和雪祭資料館等設施。

定山溪
じょうざんけい Jozankei

鄰近札幌河童湯 點點紅楓最浪漫

ACCESS
巴士

◎從札幌出發者，可從JR札幌駅前巴士總站【12號乘車處】搭乘定鐵巴士「7‧8」定山溪線」，至定山溪溫泉各站下車，車程約1小時20分，車資￥790，1小時2~3班。

◎從洞爺湖溫泉搭乘道南巴士「札幌～定山溪～洞爺湖溫泉」路線，約50分至「定山溪」站下車，1天約4班(預約制)。

在幕末發現溫泉的定山溪，距離札幌市中心大約1小時的車程距離，很快的便成為札幌人最喜愛的溫泉後花園。現在，定山溪的溫泉旅館沿著溪谷而立，不但有舒服的沿河步道可以散步，還有許多造型可愛的河童雕像迎接來客。

① 定山溪溫泉

⊕札幌市南區定山溪溫泉

定山溪溫泉的歷史悠久，據傳慶應2年(1866年)，一位名叫美泉定山的修行和尚在山中看到野鹿用溪谷中的天然溫泉療傷，因而發現了此溫泉。現在的定山溪溫泉街上大約有20餘家溫泉飯店和民宿，泉質均為無色透明、觸感滑溜的氯化物泉(食鹽泉)。若是想泡湯，除了選擇各家飯店(大部分都有純泡湯的選擇)外，**也可以在定山溪源泉公園或溫泉街散步之餘，順帶泡泡免費的足湯或手湯。**

溫泉鄉範圍不大，但由於地處四季優美的溪谷，距離札幌又近，因此還是很受歡迎。

享受大人休日的頂級奢華。

② 翠山亭俱樂部定山溪

⊕札幌市南區定山溪溫泉西2-10 ☎011-595-2001 ⑤一泊二食，兩人一室每人約￥32,550起 ⊕www.club-jyozankei.com

以「寬‧食‧湯」作為概念的翠山亭俱樂部定山溪，從入口開始，氣氛沉穩的大廳和庭院就展現出細膩和緩的氣息，全館僅有14間房，且大小均有56~110平方公尺。除大浴場、露天風呂和別館的山林湯屋「森乃湯」之外，**所有房間都附有檜木的私人風呂**，溫泉也是定山溪少數以三處源泉混合成的100％自然流動溫泉(源泉100％掛け流し)。

飯店地下室還有個小型的藝廊，展示著北海道藝術家的作品，從中可以細細品味在地人眼中的北國之美。

③ ぬくもりの宿 ふる川

📍 札幌市南区定山渓温泉西4-353　📞011-598-2345　💴一泊二食，兩人一室每人約¥16,250起　🌐www.yado-furu.com

　以「故鄉」為概念，ぬくもりの宿 ふる川**希望旅客能忘卻忙碌生活，在此度過如回到家鄉般的放鬆假期**。館內使用大量木頭營造質樸而溫暖的空間，作為裝飾的農家擺設更給人親切熟悉的感覺。展望浴場和露天溫泉皆以天然石材和古木打造，別有一番風味。

④ 鹿の湯

晚餐享用集結了北海道當令食材的懷石料理，身心超滿足。

📍 札幌市南区定山渓温泉西3-32　📞011-598-2311　💴一泊二食，兩人一室每人約¥9,650起　🌐shikanoyu.co.jp/shikanoyu/

　創業至今已有80年歷史的鹿之湯飯店，以周到的服務和優雅舒適的空間深受歡迎，合理的價格更是吸引人之處，在2012年旅遊業選出的250個人氣溫泉旅館中，獲得五顆星的最高殊榮。**從大廳、湯屋到餐廳，皆散發著繁華的日式風情**，而考量到每位旅客的喜好，房間則有和式與和洋式可供選擇。位於地下1樓的大浴殿「瑞雲」，以挑高空間打造舒暢的開放感，露天風呂向外看去即可欣賞溪流美景，一邊聽著潺潺流水聲，好不愜意。

⑤ 花もみじ

📍 札幌市南区定山渓温泉西3-32　📞011-598-2311　💴一泊二食，兩人一室每人約¥15,650起　🌐

shikanoyu.co.jp/hana

　花もみじ(花楓葉)是鹿之湯飯店的別館，承襲了鹿之湯的優雅與純粹和風，花楓葉更給人一種雅緻的氛圍。10個榻榻米以上大小的寬敞客室，是花楓葉的魅力之一，可以在此盡情享受最舒適的空間。溫泉浴池也是花楓葉自豪的特色，**頂樓的展望大浴池視野遼闊，可以眺望山林美景**；此外，1樓的露天風呂則以日式庭園概念打造，秋天還能邊泡湯邊賞楓，四季景色皆很迷人。料理皆多選用當季的新鮮食材，以最能突顯原始美味的方式烹調，讓旅客一餐飽嘗北海道的山珍海味。

和風客房、溫泉以外，還有中亞情調的空間，非常特別。

⑥ 定山渓万世閣

📍 札幌市南区定山渓温泉東3　📞011-598-3500　💴一泊二食，兩人一室每人約¥16,500起　🌐www.milione.jp

　定山渓萬世閣飯店**以帶有東方情懷的絲路為主題**，其名稱milione為義大利文的百萬之意，取自馬可波羅遊記的暱稱《Il Milione》。除了自豪的溫泉、客房外，晚上還可結伴到阿拉伯風味的夜總會、居酒屋、卡拉OK等地方消磨時光，各種不同設備，滿足所有客人的需求。

① 定山渓神社

📍札幌市南区定山渓温泉東3　☎011-598-2012(定山渓観
光協会)　🕐自由參觀　🌐jozankei.jp/jozankei-
shrine/219

　　定山渓神社創建於明治38年(1905年),至今已超過百
年以上的歷史,當時祭祀的對象為天照大神,現在神社
內除了供奉著大己貴神、少彥名神、大山祇神、罔象女
命、金山彥神等神祇外,定山渓溫泉開拓者——美泉定
山亦合祀於此。

　　而今日,定山渓神社已不僅是供奉神祇的信仰中心,
每到特殊時節,更是展現定山渓美好印象的地方。**每年
2月,在定山渓神社前的廣場,會舉辦名為「雪灯路」
的活動**,上千盞點著蠟燭的雪燈,在夜裡映照著神社,
非常夢幻。觀光協會亦為此籌劃了攝影和錄影比賽,讓
光影交織的美景透過影像與更多人分享。

夏季時定山渓神社還會有為期一週的戶外爵士音樂會,喜歡音樂的朋友可別錯過!

© 定山渓觀光協會

花錢泡湯之外,還有免費足湯可以泡個過癮。

小編激推

② 定山源泉公園

📍札幌市南区定山渓温泉東3
🕐7:00~21:00　💰免費

　　走過跨越溪谷的月見
橋,可以看到這個緊鄰橋
旁的小公園。源泉公園內有
**一座寬敞的足湯,一年四季供遊
客泡腳歇息**,此外還有膝蓋湯、溫泉蛋之湯、花草小徑等,可以穿著
浴衣和木屐來閒逛。

正殿內還設有用電動式神籤機，投入神籤費￥100，就可以看到機器中的巫女玩偶拿著神籤前來，十分有趣。

③ 岩戶観音堂

⌂札幌市南区定山渓温泉西4 ☏011-598-2012(定山渓観光協会) ◷7:00~20:00 ㊑無休 ☑洞窟參觀費用大人￥300、小孩￥100 🌐jozankei.jp/tourist/iwato-kannon/

位於定山溪溫泉街的岩戶観音堂，當初是為了奠祭在修建小樽～定山溪道路過程中貢獻生命的亡靈，以及祈求交通安全而建的，**現在很多人則到此祈求考試、戀愛的順利，據說頗為靈驗**。小小的廟堂神聖而莊嚴，正殿裡的一側可以看見一洞窟入口，這個長120公尺的洞窟中供奉了大大小小33尊観音像，走入裡面即感受到安詳寧靜的氛圍。

④ 定山溪散策路

⌂札幌市南区定山渓温泉 ◷5月下旬~10月，二見公園至二見吊橋為止終年可通行

從有河童大王的二見公園、二見吊橋到河童淵的散步路段稱為「定山溪散策路」，路線沿著溪谷和樹林而行，可以看到定山溪四季變化的自然景色，尤其在**10月楓紅時節，鮮紅色的二見吊橋襯上兩側黃紅，更是經典名景**。散步道盡頭的河童淵，也是定山溪河童傳說的起源之地。

在瀑布下方舒服洗溫泉的河童讓人印象深刻。

更多免費足湯

想泡湯，除了選擇各家飯店(大部分都有純泡湯的選擇)外，也可以在定山溪源泉公園或溫泉街散步之餘，順帶泡泡免費的足湯或手湯。

かっぱ家族の願かけ手湯

此祈願手湯的正確使用方法是要在小河童的頭上倒入溫泉，用河童口中流出的溫泉水清洗雙手，隨即唸出咒語「オン・カッパヤ・ウンケン・ソワカ(on-kappa-ya-un-ken-so-wa-ka)」3次，最後再許下心願，據說這樣做願望就能實現喔。

足のふれあい太郎の湯

位於國道230號旁，十分適合三五好友或是一家大小一起同樂。大家圍著圈面對面坐著泡湯，一邊談天説笑、一邊環顧四周景致，十分愉快。

◷7:00~20:00

長寿と健康の足つぼの湯

於岩戶観音堂旁，つぼ意指穴位，泡湯時一邊踩著溫泉底部的小石頭按摩腳底，能讓身體更加溫暖也更加健康。

◷7:00~20:00

⑤ 湯の滝

⌂札幌市南区定山渓温泉 ☏011-598-2012(定山渓観光協会) ◷全年開放 ☑自由參觀

往溫泉街的斜坡途中可以發現路旁一處冒著白煙的小小瀑布，沒錯！那就是湯の滝，是定山溪為了觀光而做的人造溫泉瀑布。雖然是人工的，但作為小鎮的造景來看還是相當寫意。**尤其那躺在瀑布下泡著溫泉的河童雕像**，一副身心舒暢的樣子，還真叫人羨慕，果真吸引許多旅客駐足拍照，不愧是定山溪溫泉最好的宣傳之一呢！

❶ 大黑屋商店

⌖札幌市南区定山渓温泉東4-319 ☎011-598-2043 ⏰8:00~20:00 休週三 💲温泉まんじゅう(溫泉饅頭)1個¥65

昭和6年(1931年)創業的大黑屋商店，**店內的溫泉饅頭為每天早上手工現做**，柔軟的外皮與滿滿的內餡，讓這個充滿古早味的好味道早已成為在定山溪必買的伴手禮。由於大黑屋商店的溫泉饅頭完全不使用添加物，當天內吃完最能品嘗到其美好滋味。

❷ 紅葉亭

⌖札幌市南区定山渓温泉東3-228 ☎011-598-2421 ⏰11:00~17:00(售完為止) 休週三、第2、3個週四 💲天ざるそば(天婦羅蕎麥麵)¥1,000

自昭和2年(1927年)營業至今的蕎麥麵老舖紅葉亭，堅持使用石臼磨的蕎麥粉製麵，老闆每天早上手打的麵條，Q軟有彈性，細細咀嚼能嘗到蕎麥的香氣。店內**相當受歡迎的是天婦羅蕎麥麵**，蝦子、溪魚和茄子等野菜擺了滿滿一盤，柔軟鮮甜的食材包裹著香酥麵衣，非常美味。冬季限定的鍋燒咖哩烏龍麵，則是能讓身心暖呼呼的一品。

❸ 喫茶& 食フランセ

⌖札幌市南区定山渓温泉東4-306-1 ☎011-598-3410 ⏰10:30~18:00(L.O.17:30) 休週日 💲カツカレー(豬排咖哩飯)¥900

走進喫茶& 食フランセ，伴隨著自虹吸壺傳來的柔和咖啡香，就好像坐上時光機回到從前。這家咖啡喫茶店創立於1974年，以木頭和仿紅磚牆為主的室內空間，充滿著溫暖復古的西洋風情。**店內提供日式的咖哩豬排飯、炒飯**，也有西式的**義大利麵、三明治**可以選擇，**皆是老闆自豪的獨門美味。**

適合慢慢享受料理與時間的空間

現點現做的披薩有著熱呼呼的酥脆口感。

❹ 雨ノ日と雪ノ日

⌖札幌市南区定山渓温泉西2-41 ☎011-596-9131 ⏰10:00~18:00 (Pizza L.O.17:30) 休週四 💲gelato雙球¥500 🌐amenohito.com/yuki/

2018年9月開幕的「雨ノ日と雪ノ日」，雖然稍微遠離主要溫泉街，但還是吸引不少人前往一訪，這裡販賣的是**義式冰淇淋、披薩以及湯品**，光是義式冰淇淋就有超多口味，而且大部分都是**結合北海道特產原料**，像是高砂酒造的甘酒、定山溪農場的梅子，或是美瑛產的娟姍牛乳，每一種都是道產的天然滋味，而且還不時推出期間限定口味，錯過就太可惜了。

往札幌↗

白井川

⑤ カフェ崖の上　④ 雨ノ日と雪ノ日
翠山亭倶楽部
定山溪

←往小樽

● 定山溪中
● 錦台公園

豐平川

三笠スキー場 ●
(三笠滑雪場)

定山溪大橋

定山溪ビューホテル

定山溪大橋　● 白系の滝
定山溪温泉東二丁目
悠久の宿 白系

定山溪第一寶亭留翠山亭
長寿と健康の足つぼの湯
岩戸観音堂
食堂こんの ⑥
J・glacee
ぬくもりの宿 ふる川
定山溪ホテル
定山溪散策路
二見吊橋

● 翠蝶館
❷ 紅葉亭
花もみじ
ホテル山水
定山溪物産館
ホテル鹿の湯
湯の町

● 白系の滝
● 足のふれあい太郎の湯
● 定山溪鶴雅リゾートスパ森の謌
● 観光案内所
● 定山溪神社前
● 定山溪神社
章月
● かっぱ家族の願かけ
❶ 湯の滝　● 定山溪万世閣
大黑屋商店　定山溪源泉公園

二見公園

かっぱ淵
(河童淵)
定山溪小

● 定山溪
❸ 喫茶&軽食フランセ
定山溪グランドホテル瑞苑

夕日岳 ▲

⑥ 食堂こんの

⌂ 札幌市南区定山溪温泉西 3-32　☎ 011-598-2759　⊙ 11:30~14:00、18:00~20:00　㉻ 不定休　⑤ ラーメン(拉麵) ¥700

　位於多家溫泉飯店附近的食堂こんの，是在地人和飯店員工會去的小餐館。已經開業35年，食堂店主為一對可愛的老夫婦，小小的店裡由老爺爺負責料理，身後放餐具的櫥櫃令人想起老家的廚房，聽著老奶奶親切的招呼聲，讓人感覺格外溫馨。**料多實在的醬油拉麵是店內的招牌，味噌拉麵也意外地清爽好入口。**若不想吃拉麵，餃子和炒飯也很推薦。特別在泡完溫泉的夜裡，肚子餓了想來碗熱呼呼的拉麵的時候，食堂こんの的家常味道一定能滿足你。

僅有十席的小小咖啡屋卻吸引了各地旅客，就是因為大自然的療癒魔力吧。

⑤ カフェ崖の上

cafe gakeno-ue

⌂ 札幌市南区定山溪567-36　☎ 011-598-2077　⊙ 10:00~18:00 (12~2月僅週末及例假日營業，10:30~16:30)　㉻ 週一(遇假日順延)、12~2月週一~五　⑤ ケーキ(手工蛋糕)¥480~　❶ 未滿12歲禁止進入

小編激推

　一如其名，建在山崖邊的カフェ崖の上，彷彿隱身大自然的一處美好小天地。這看似簡單、以木頭打造的長方形小屋，其實正是擁抱山林的最好姿態：**店主在面向溪谷的一方做了大片落地窗，讓定山溪四季的美景盡收眼底**，無論是春夏的綠意、秋日的楓紅，抑或冬天一片白茫茫的雪景，皆令人驚歎不已。運氣好的話，還能看見對面山上的野生鹿呢！店內的飲品點心皆是店主的自信之作，手作甜點更是人氣品項，其中**特別推薦抹茶戚風**，細緻而充滿彈性的蛋糕體散發淡淡抹茶香氣，搭配煮得綿密的紅豆一起品嘗，是甜而不膩的幸福滋味。

道南第一大城 歐風漸始之地

函館駅

はこだてえき Hakodate Station

ACCESS
電車
JR函館駅：函館本線、
江差線
函館市電「函館駅前」
站：2號系統、5號系統
函館市電「市役所前」
站：2號系統、5號系統

> 時間回溯到19世紀末期。美國培里將軍駕著黑船，敲開了日本的大門，翌年，函館與橫濱、長崎成為國際貿易港，大批的外國人湧入函館，並在此發展不同的文化。這些異國文化在此生根開花的結果，即造就函館成為北海道最浪漫的城市。

① 青函連絡船記念館 摩周丸

⌂ 函館市若松町12番地先　⊙ 4~10月8:30~18:00、11~3月9:00~17:00(入館至閉館前1小時)　◷ 4~10月8:30~18:00、11~3月9:00~17:00(入館至閉館前30分)，12月31日~1月3日10:00~15:00　✕ 12/31~1/3，4月第二個星期一、五，因清掃船舶休館，依天候不定休　$ 大人￥500、中小學生￥250、幼兒免費。　↻
www.mashumaru.com/　● 也有與青森八甲田丸的共通券，大人￥700，有效期限1年

停靠於函館第二碼頭的**摩周丸從前航行於青森~函館之間，肩負連結日本本州與北海道的重責大任**，不過1988年青函隧道開通之後，也就卸下重擔，多數船隻都轉至其他航線服役，摩周丸則是停靠在原乘船處，作為紀念館對外開放。船內保留了當初的操控室、無線通信室，也將船艙改為展示空間，讓遊客可以了解青函連絡船的歷史。

> 走上連絡通道就可以近距離觀察摩周丸。

→ 青函隧道

昭和63年(1988年)開通的青函隧道全長53.85公里，其中有23.3公里是貫穿津輕海峽的海底隧道，不僅是世界最長的海底隧道，隧道全長也是世界第二。從1971年動工起，耗時31年才終於完工，青函隧道連接青森縣今別町的濱名以及北海道上磯郡的湯之里，JR北海道的在來線以及新幹線皆行駛於此，大幅縮短了過去的船運時間，也成為連接日本本州與北海道的重要命脈。

② 海光房

⌂ 函館市若松町11-8　☎ 0138-26-8878　◷ 11:00~14:00(LO13:30)、17:00~23:00(LO22:00)　$ 四色丼￥3,278、タラバ雜炊￥1,980　↻ hakodate-kaikoubo.com

海光房是車站周邊的人氣店家，就位在函館朝市外圍，店內以夜晚捕捉小管時使用的集魚燈裝飾，還有活跳跳的各式北國海產，**松葉蟹、毛蟹、扇貝、北寄貝、牡蠣等海鮮都在水槽裡任君挑選**，水煮、炭燒，或是做成生魚片都可以，店內除了小管素麵、生魚片以外，丼飯總類也非常多，尤其是放上海膽、螃蟹、甜蝦以及鮭魚卵的四色海鮮丼，一次就可吃到豐富海鮮，讓人大呼過癮。

> 暖呼呼的蟹肉雜炊也是人氣料理。

③ 珈琲焙煎工房 函館美鈴 大門店

⌂ 北海道函館市松風町7-1　☎ 0138-23-7676　◷ 10:00~18:00　$ 每日特選咖啡￥450　↻
www.misuzucoffee.com

> 是函館、也是北海道最古老的咖啡店！

小編激推

創立於昭和7年(1932年)的美鈴，**以悠久的咖啡香乘載著函館人的回憶**，目前在北海道各地、東北地區及東京皆有專門店。函館大門店的門口處擺放著當年第一台咖啡烘焙機，店內則是現代感的溫馨空間，販售各種咖啡豆、咖啡，也提供甜點和輕食。推薦經典綜合咖啡，厚實芳醇的口感是創業以來的傳統滋味。

> 店門口的烘培機已經80年以上，讓人感受濃濃的歷史氣息。

④ たいやき茶屋 北菓り

小舗裡有許多獨一無二的鯛魚燒口味。

🏠 函館市若松町11-10　☎ 0138-84-1998　⏰ 10:00~19:00
🏠 週二　💲 蘋果奶油鯛魚燒￥200

在朝市大啖海鮮後，如果想來些和風點心，推薦到市場外圍的北菓り吃鯛魚燒。除了紅豆、奶油這類經典口味，**人氣最高的要屬蘋果奶油口味**，一口咬下，酥脆的外皮內是片狀蘋果，搭上奶油更襯托出果香，不同層次的甜味之外還隱約有著肉桂香氣，非常特別。另外洋溢北海道風情的馬鈴薯起士口味也很受歡迎，還有章魚炒麵、雞蛋培根等鹹食口味。

⑤ うに むらかみ 函館本店

🏠 函館市大手町22-1　☎ 0138-26-8821　⏰ 8:30~15:00（L.O. 14:30）　🏠 週三，月第1、3個週二晚餐　💲 うに丼 (海膽丼 S size)￥4,345 起、自家製うに屋のウニグラタン(焗烤海膽)￥1,320　🌐 www.uni-murakami.com

營業超過50年的海膽加工公司村上商店，在函館朝市旁開設了這間海鮮餐飲直營店，入口即化的海膽與各式鮮食，讓うに むらかみ(海膽村上)在開幕短短幾年間便累積不少人氣。這裡的海膽**完全不添加明礬**，想要品嚐原味就點分量十足的海膽丼，**盛裝在海膽殼上的焗烤海膽亦十分受到饕客青睞**，海膽可樂餅及海膽玉子燒也是這裡的獨門菜色，在日式風格的店內品嚐，頗有高級感。

⑥ Lapin de neige

🏠 函館市大手町16-1　☎ 0138-27-5505　⏰ 10:00~19:00，週日、假日~18:00　🏠 週二、不定休　💲 うさぎとハートのクッキー(兔子與愛心造型餅乾)￥120　🌐 ameblo.jp/lapin-de-neige/

Lapin de neige 是間可愛的洋菓子店，漆成藍色的屋子亦散發一種愜意的鄉間歐風。法文店名的意思是「雪兔」，店裡點綴著兔子元素與擺飾，也可找到許多兔子主題的點心。人氣商品還有奶油泡芙，當中的自製奶油餡混合了鮮奶油與卡士達醬，甜美滋味令人難忘。**Lapin de neige選用北海道的新鮮食材，會依季節替換商品及推出新甜點**。

函館鹽味拉麵(函館塩ラーメン)

關於函館拉麵，有幾點很有趣。第一，多半是以豚骨湯為基底，卻能保持清爽原味。第二，越是有名的店，越能保留函館拉麵原本簡單的特性，配菜大多是蔥花、筍乾加上二片叉燒，而越是單純，則越能嚐到函館拉麵極為罕見、以清爽為長的湯頭魅力。

JR函館駅

① 滋養軒

⌂ 函館市松風町7-12　☎0138-22-2433　🕐11:30~14:00、17:00~售完　休週二、三　💲函館塩ラーメン(鹽味拉麵)¥600

　營業超過60年以上、函館的名拉麵店「滋養軒」，以自家製麵條和清澈的湯頭自豪。混合雞骨、豚骨和數種蔬菜細細熬煮的湯底，**口味淡雅不死鹹**，連不喜好重口味的人也意猶未盡地喝完整碗；細直麵條每天新鮮製作，完全沒有任何人工添加物，安心又美味。如此用心的鹽味拉麵一碗只要500日幣，難怪在當地人與旅客之中皆擁有超高人氣。

② HAKODATE男爵倶楽部 HOTEL & RESORTS

⌂ 函館市大手町22-10　0138-21-1111　💲附早餐方案，雙人房每人約¥26,000起　P28個，一晚¥1,000　www.danshaku-club.com

　2007年正式開始營運的男爵倶楽部，**寬敞的房間內都附有廚房、客廳、臥室和可以舒服泡澡的浴室**，加上溫馨的服務，榮獲日本樂天旅遊網使用者票選為2008年北海道內第一名的飯店。早餐除了飯店提供的美味洋食外，也可以領取餐券至朝市裡6家合作的食堂內享用早餐，誠意十足。

③ 鳳蘭

不僅深獲在地人好評，還被認為是正統的函館口味。

小編激推

⌂ 函館市松風町5-13　☎0138-22-8086　🕐11:00~21:30　休週二　💲塩ラーメン(鹽味拉麵)¥630　houran-hakodate.com/

　創立於昭和25年(1950)的鳳蘭，是深受函館居民支持的老餐館，提供充滿懷舊風味的拉麵及中華料理。鹽味拉麵的**湯頭不加蔬菜，單純使用豚骨與雞骨，以9比1的比例熬製，清爽不膩口，被在地人評為簡單而正統的函館口味**。其他人氣料理還有燒賣(シューマイ)以及炒麵(焼そば)，炒麵有一般的柔軟口感與港式炒麵的酥脆口感兩種選擇，充足的份量也是受歡迎的原因之一。

拉麵簡單懷舊的香氣，是傳承40年的好滋味。

拉麵龍鳳

⌂大門橫丁內 ☎090-8372-8495 ⏰10:30~0:30 $黃金塩ラーメン¥1,050、餃子¥400 www.hakodate-yatai.com/shop/ryuho

小編激推

位在大門橫丁內的龍鳳，同樣也是函館的人氣拉麵店。店內的黃金鹽拉麵湯頭清澈，表面漂浮著一層黃金色的油光，原來**店家在湯頭裡加入雞油，每隻雞只能取出100公克的珍貴雞油**，經過熟成之後，**為清澈高湯增添了醇厚的香氣**。坐在小小的店內，品嚐這淡雅濃郁的滋味，順道感受屋台熱烈氛圍吧。

酥脆的餃子是拉麵的最佳拍檔。

牆上貼滿了名人簽名。

4 大門橫丁

⌂函館市松風町7-5 ☎0138-24-0033 ⏰、休依店家而異 www.hakodate-yatai.com

函館車站旁2005年開幕的大門橫丁由25間小吃店組成，是**函館規模最大的小吃街**。過去由於津輕海峽漁船與商船往來頻繁，函館曾經發展出北海道最繁華的風化區「大森遊廓」，在其入口處有個巨大的門，名為「大門」，大門橫丁便以此為主題，以復古裝潢和瓦斯燈打造出明治到昭和時代的氛圍。屋台街裡海鮮料理、壽司、調酒、拉麵等多國料理齊聚一堂，吸引聞香而至的顧客大快朵頤。

深夜覓食的好去處。

店裡裝飾著大象刺繡、佛教元素和南洋擺飾。

アジアンキッチン チェーズ

⌂大門橫丁內 ☎080-5483-4072 ⏰17:30~凌晨1:00 休週四 $さきイカの天ぷら(酥炸烏賊絲)¥600 www.hakodate-yatai.com/shops/cheez/

熱情的老闆來自緬甸，娶了日本妻子便在此安定下來，日文說得極為流利。**店內料理主要為東南亞口味**，此外也有韓式料理，可說是亞洲美味的大集合。**推薦緬甸風乾燒大蝦(ミャンマー風大エビ炒め)以及酥炸烏賊絲，酸甜微辣的調味令人食慾大開**，也非常下酒。酒類除了日本產的之外，還有提供世界各地的啤酒，選擇超豐富，嘗鮮起來特別有樂趣。

函館朝市

はこだてあさいち Hakodate Morning Market

產地直送 活力市場美食享不停

離函館駅僅2分鐘路程的函館朝市，是所有人拜訪函館時必定造訪的美味景點。擠滿小店的街區，從天色微亮開始就充滿活力。各種剛剛上岸的新鮮海產活蹦亂跳，沿途店家一邊烤著奶油扇貝或長長蟹腳，一邊向過路旅客熱情叫賣。除了海產外，餐廳、蔬菜、肉類等也都有喔。

ACCESS
電車
JR函館駅：函館本線、江差線
函館市電「函館駅前」站：2號系統、5號系統
函館市電「市役所前」站：2號系統、5號系統

❶ どんぶり横丁市場

🏠函館市若松町9-15 📞0138-22-6034 🕐6:00~16:00(依店家而異) 🈺依店家而異 🌐donburiyokocho.com

　想要品嚐最新鮮豐盛的海鮮丼，來這裡準沒錯。朝市旁的蓋飯橫丁市場，乾淨明亮的橫丁內**集結了19家海鮮丼專賣店和其他餐廳**，各店門口一字排開的蓋飯模型，讓人看了就忍不住口水直流！除了生魚片、綜合海鮮丼之外，也可以多點幾個迷你丼，一次嘗試多種不同的口味。

恵比寿屋食堂

🏠蓋飯橫丁市場內 📞0138-22-0808 🕐6:00~14:00 🈺週二 💰朝市丼¥3,050 🌐https://donburiyokocho.com/01_16.html

　蓋飯橫丁市場內的恵比寿屋食堂是**創業70餘年**的老店，店裡隨時準備了約50種口味、色彩鮮豔的海鮮丼。螃蟹三色丼(カニ三色丼)與小管細麵是店家的招牌餐點，另外「朝市丼」則滿載海膽、甜蝦、干貝、花枝等各種函館名物，也是本店逸品之一。

一花亭たびじ

🏠蓋飯橫丁市場內 📞0138-27-6171 🕐6:00~14:00 💰活いか踊り丼(跳舞的小管丼)¥2,080 🌐hakodate-asaichi.net/

　一花亭是由海鮮店直營的食堂，最有名的就是「跳舞的小管丼」，點餐後才現抓的小管，在師父料理後成了小管細麵與鮭魚子的丼飯組合，**端上桌時小管還在兀自舞動，新奇的程度讓不少人特地慕名而來**。簡單沾上醬油與薑末，就能現場感受新鮮食材的原味鮮甜。

人氣居高不下的老食堂可是朝市的熱門餐飲店。

白飯鋪上了肥美甘甜的干貝、海膽和鮭魚子,誘人色彩和海味鮮甜令人難忘。

小編激推

2 きくよ食堂 本店

🏠 函館市若松町11-15(朝市仲通り) ☎0138-22-3732 🕐5:00~14:00、12~4月6:00~13:00 🈭1月1日 💰元祖函館巴丼￥2,480 🌐hakodate-kikuyo.com

別小看きくよ樸素的店面,它可是**函館朝市裡名氣最大、歷史也最悠久的一家海鮮丼食堂**,現在朝市裡有本店和分店兩處。店裡的**「元祖函館巴丼」是函館名物**,也是店裡的人氣第一名,其它也有各種不同的海鮮組合。不習慣吃生食的人也可以試試店裡的烤魚,炭烤得恰到好處的魚肉富含油質,也相當美味。

3 元祖活いか釣堀

🏠 函館市若松町9-19、駅二市場內 ☎0138-22-5330 🕐6:00~14:00 🈭1~6月及10、11月第3個週三(7~9月無休),1月1~3日 💰￥500~1,700(時價) 🌐www.asaichi.ne.jp/ekini/

函館朝市範圍其實頗大,除了在露天市場吃吃喝喝,感受大清早的活力,室內市場駅二朝市裡也有不少樂趣。在駅二市場中央總會看到人潮聚集,原來這裡還提供**現釣小管體驗**,店家把捕獲的活烏賊放進水池中,再準備專用釣竿,讓到訪的顧客體驗釣小管的趣味,**釣起的戰利品當然也是現場料理才新鮮**。

© 那函館市觀光部

用簡單釣竿釣起活跳跳的小管。

可以一次品嚐多種海鮮的五目丼最受歡迎。

4 朝市食堂 二番館

🏠 函館市若松町9-19 駅二市場2F ☎0138-22-5330 🕐6:30~14:00 🈭1~6月及10、11月第3個週三(7~9月無休),1月1~3日 💰海鮮丼￥500起 🌐www.asaichi.ne.jp/ekini/

想用實惠價格品嚐海鮮丼飯,絕不能錯過朝市食堂。食堂提供各式丼飯,豪華版的鮪魚丼、鮭魚丼以外,還有**只要￥500的海鮮丼飯**!另外還有五目丼、鮭魚親子丼、蟹肉丼、鮭魚卵丼等七種選擇,雖然配料可能不如昂貴的海鮮丼那樣厚實,新鮮度卻也十分不錯,預算有限又想大快朵頤的話,不妨到這裡品嚐。

JR函館駅

青函聯絡船紀念館 摩周丸

たいやき茶屋 北菓り

海光房

蓋飯橫丁市場 (どんぶり橫丁市場)

🍴函館市観光案内所 甘太郎
WAKO

がごめ昆布 ねばねば本舗

道南食堂

きくよ食堂本店

うに むらかみ

函館朝市

2

1

3.4 駅二市場

Four Points by Sheraton

スナッフルズ駅前店

函館駅前

いか太郎

大門橫丁

幸運小丑

滋養軒

函館港

東橫INN函館駅前朝市

HAKODATE男爵倶楽部 HOTEL & RESORTS

星龍軒

ホテルニューオーテ

HOTEL RESOL

鳳蘭

函館美鮮

東橫INN函館大門

エビス軒

井慶力餅

水產物地方卸売市場

アクアガーデンホテル函館

辺見旅館

CAFE MARRONE

函館國際ホテル別館

●日銀

函館國際ホテル

東雲広路

市役所前

Lapin de neige

煉瓦亭

11

函館山周邊

はこだてやましゅうへん Hakodateyama Area

百萬夜景登山行 一覽市區美景

> 名列世界三大夜景的函館山，以津輕海峽及函館灣包夾的特殊地型，從函館山頂看出來的美景是令遊客讚嘆不已。函館夜景曾與香港、義大利拿坡里並列為世界三大夜景，後來為長崎、香港、摩納哥取代。

ACCESS
由於各景點交通相差甚遠，每個景點的交通方式請參考景點介紹。

① 函館山夜景

> 函館山夜景被《米其林綠色指南・日本》評為三星景色，是函館觀光不可或缺的一站。

小編激推

🚃市電「十字街」站徒步10分至纜車山麓駅，再搭乘纜車至山頂展望台；約4月中旬~11月上旬可從函館駅前4號乘車處搭乘函館山登山巴士，約30分至終點「函館山」站下車即達 🏠函館市元町19-7 ☎0138-23-3105 🕙10:00~22:00(10月16日~4月24日至21:00) 💲纜車往返大人¥1,500、小孩¥700 🌐334.co.jp

函館市街被兩側的弧形海灣包圍，呈現極為特殊的扇型，由於得天獨厚的地形，使得函館山夜景曾名列世界三大夜景。隨著天色漸暗，市街盞盞燈火緩緩亮起，如同閃爍的寶石一般，照映墨藍的夜空與海洋。若想避開絡繹不絕的觀光人潮，不妨趁天黑之前先搭乘纜車登上展望台，欣賞夕陽一面靜待天黑。展望台也附設有咖啡店和餐廳，可以坐擁百萬夜景。

函館山夜景傳說
據說在閃爍夜景中只要找到日文的「ハート」，也就是「心」字，願望就能成真！情侶一起看到的話，兩人就可以修成正果，不過不能偷看提示才可實現。下次到函館山欣賞夜景時，記得找找隱藏其中的密碼。

② Café LAMINAIRE

> 想吹吹海風的話，也有露臺的座位可選擇。

🚃市電「宝来町」站徒步約5分 🏠函館市宝来町14-31 ☎0138-27-2277 🕙11:00~18:00 📅週四 💲珈琲ブレンド(綜合咖啡)¥500 🌐www.clever.co.jp/laminaire

　　從宝来町下車往海的方向走到底，即可看到右手邊顯眼的紅色屋子和大片玻璃窗，那就是在地人也推薦的**私房海景咖啡屋**——Café LAMINAIRE。LAMINAIRE是海草的意思，呼應著咖啡店坐擁的大海景色，**簡潔的空間把焦點都留給海洋**，隨著天氣變換上演著太平洋的各種表情，晴朗時還能遠眺對岸的青森，而黃昏及夜裡的點點漁火又是另一種風情。或許是自然美景的神奇力量，店裡充滿著愜意的靜謐感，咖啡香伴隨著海潮聲，很適合享受一個人的時光。

❸ 外國人墓地

🚋市電「函館どっく前」站徒步17分 🏠函館市船見町23 ☎0138-21-3323 ⏰自由參觀

蔚藍風光與墓地構築出魅力奇特的景色。

　從黑船入港、兩名培里將軍的屬下客死於此開始，函館成了日本最早開港的地方，也成了無數異鄉人的長眠之地。**在市電盡頭的外國人墓地，是看海最漂亮的地方**，俄羅斯、中國、清教徒等擁有各自的墓園，隔著大海永恆望向遙遠的故鄉，墨藍色的北國大海與遠方的駒ヶ岳構成美麗的圖畫。

❹ MORIE

🚋市電「函館どっく前」站徒步17分 🏠函館市船見町23-1 ☎0138-22-4190 ⏰11:00~18:00(L.O.17:00) 🈲週一、二、冬季1~2月，不定休 🌐wwwe.ncv.ne.jp/~morie

　這間位於外國人墓地內的小小咖啡館MORIE，儘管外觀普通，店裡卻出乎意料地溫暖舒適，**還擁有能看見美麗海景的長型窗戶**，也曾經是《海貓》、《星に願いを(向星星許願)》等電影的拍攝場景。店裡提供茶點、蛋糕，以及簡單的麵包輕食料理，可以在這裡享受不被打擾的午後時光。

❺ 高龍寺

🚋市電「函館どつく前」站徒步約10分 🏠函館市船見町21-11 ☎0138-23-0631 ⏰6:00~21:00，參拜9:00~16:00(若遇寺廟行事則可能無法參拜)。 🌐www.kokkasan.org

　創建於1633年的**高龍寺是北海道最古老的寺廟**，現在看到的建築是在數度的火災、遷移後，於1910年重建的。抵達高龍寺時，首先映入眼簾的就是建築壯觀、雕工細膩的宏偉山門。這座山門由欅樹打造，雕刻者都是當代名工，是**東北以北最大的山門**，藝術性也備受推崇。

❻ 谷地頭溫泉

🚋市電「谷地頭」站徒步約5分 🏠函館市谷地頭町20-7 ☎0138-22-8371 ⏰6:00~22:00(入館至21:00) 🈲第2個週二 💰大人¥420、小孩¥140、幼兒¥70

泡湯後可以在休息區小憩，也有販賣機提供飲料和熱食。

到谷地頭溫泉泡湯，是感受函館在地生活的最佳方式。

小編激推

　1951年由函館市水道局挖掘的谷地頭溫泉，原為市營溫泉，於2013年4月起轉為民營，目前仍維持著市營時便宜的價格和乾淨舒適的空間。百坪大的室內澡堂相當寬敞，溫泉水為棕褐色，含有豐富的鐵，是均溫為45度的高溫溫泉；**露天風呂仿照五稜郭的五角星造型，可以遠眺函館山綠意**，也十分受歡迎。

12 函館元町

はこだてもとまち Hakodate Motomachi

歐風港町優雅氣息 浪漫洋館午茶時光

函館山腳下的元町一帶有18條平行的街道，上面座落著許多優美的教堂，適合散步遊覽。此區的景點非常集中，又都是平緩的小坡路，很適合看山看海，以及暢飲啤酒大啖海鮮。

函館港

綠の島

ACCESS

電車
JR函館駅：函館本線
函館市電「十字街」站：2號系統、5號系統
函館市電「末広町」站：5號系統
函館市電「大町」站：5號系統
函館市電「函館どつく前」站：5號系統
函館市電「宝来町」站、「青柳町」、「谷地頭」站：2號系統

港濱異國風情倉庫中有好吃好玩的，值得花個半天慢慢逛。

1 金森紅磚倉庫

🏠 函館市末広町14-12、13-9
☎ 0138-27-5530
🕐 9:30~19:00(依季節而異)
🌐 www.hakodate-kanemori.com

小編激推

　位於港邊的金森紅磚倉庫，建築已超過百年歷史。建於明治與大正時期的長型倉庫昔日是商船靠港卸貨的地方，隨著港運角色的衰退，現在**極富古意的紅磚外牆裡是充滿現代感的遊食空間**，四棟主建築內有餐廳、世界雜貨、函館名產、小型音樂堂等，其中以金森洋物館佔地最廣，聚集超過20家的各種精品和雜貨店。

Brick LABO

📍金森紅磚倉庫 金森洋物館內　☎0138-27-3232　🔽
10:00~18:00；週二、週三為清潔日，可入場，但可使用的樂高有限
💴入場免費，記念ポストカード(紀念明信片)¥210　🌐ameblo.jp/
bricklabo/

　Brick LABO是個充滿歡笑的創意樂園，無論大人小孩都可在此**免費享受玩樂高的樂趣**。牆上十分醒目，像佈告欄般的綠色板子，是Brick LABO引以為傲的積木牆，可用積木在上頭排出自己喜歡的文字或圖案。在桌上施展創意，自由地拼出車子、房子、機器人等，也充滿樂趣。**完成作品後，還可以與作品合照，製成明信片作為留念(須付費)**。空間的一角展示著令人讚歎的樂高作品，藉此與樂高迷們交流、分享。

シングラーズ 烏賊墨染工房

📍金森紅磚倉庫BAYはこだて內　☎0138-27-5555　🕘9:30~19:00
💴イカ墨染ストラップ(烏賊墨染吊飾)¥980　🌐www.ikasumi.jp

　シングラーズ(singlar's)專賣烏賊墨染的相關商品。**墨汁取自函館近海捕獲的烏賊**，經過特殊處理，便成了與印象中的黑色墨汁大不相同的棕褐色染料。シングラーズ**以烏賊墨開發了兩百多種原創商品**，手袋、書衣、吊飾、明信片等應有盡有，質感細膩，盡顯日式的優雅風情。印有昆布、奉行所等函館特色的手巾，也十分具有紀念價值。

NIPPON CHA CHA CHA函館店

📍金森紅磚倉庫 金森洋物館內　☎0138-23-2822
🕘9:30~19:00　💴函館手帕¥648　🌐kyoto-souvenir.co.jp/brand/nippon-chachacha/

　在東京、大分湯布院也有分店的NIPPON CHA CHA CHA是一家和風雜貨，店內商品是來自日本各地的精選伴手禮，小碟子、碗盤、口金包……，店裡蒐羅豐富商品，就是為了讓顧客可以挑選到**日本各地的好物**。

既然落腳函館，當然有許多**充滿函館特色的限定商品**，像是印有金森紅磚倉庫、小管、乳牛等圖樣的手帕、包包，還有金森紅磚倉庫限定的可愛糖果，都是函館才有的商品。

Petite Merveille的乳酪蛋糕引起一口蛋糕的風潮，備受好評。

Petite Merveille

📍金森紅磚倉庫 BAYはこだて內　☎0138-84-5677　🕘9:30~19:00　💴Mel cheese(8個)¥1,680　🌐www.petite-merveille.jp

小編激推

　以奶香濃郁的起士舒芙蕾Mel cheese而聲名大噪的「Petite Merveille」，1995年在函館開設第一家店，至今，美味的各式甜點仍以函館為設店範圍，因此來到函館一定要來朝聖一下。**連續獲得7屆世界食品品質評鑑大賞金獎的Mel cheese**，做成小巧尺寸，切開鬆軟、入口軟綿，**濃厚的奶油香味在口中散開，吃完後仍齒頰留香**。

函館Beer Hall

📍金森紅磚倉庫 函館ヒストリープラザ內　☎0138-27-1010　🕘平日11:30~21:30　🌐www.hkumaiyo.com

　函館Beer Hall位於函館歷史廣場內，保留著一個多世紀以來的舊建築樣貌，挑高寬敞的酒館空間可容納220人，紅磚牆和木造結構散發著粗獷懷舊的氣氛，在此不僅可以喝到從**工廠新鮮直送的函館在地啤酒**，近百種的美味料理也廣受肯定。特製的啤酒燉牛肉煮得入口即化；手作螃蟹奶油可樂餅嘗得到海洋的鮮甜，也是人氣定番。

あおい森

📍金森洋物館　☎0138-85-6565
🕘9:30~19:00　💴金森倉庫のモナスク6個¥940　🌐hakodate-kanemori.com/shop/youbutsukan/k-24

　紀念品店あおい森集結了眾多北海道的特產，此外，這裡還有別家店買不到的**金森倉庫原創商品**。以洋物館、金森倉庫和BAY HAKODATE為造型的西式餅乾，不僅禮盒直接做成建築物的樣子，就連餅乾都是倉庫的形狀，令人會心一笑，三種包裝分別是不同的口味，很適合作為伴手禮。而あおい森與知名菓子店ジョリ クレール合作推出的創新點心「モナスク」，結合了日本傳統菓子「最中餅」和德國的「ラスク」(麵包脆片)，兩種層次的酥脆口感非常特別，金森倉庫的造型也很可愛，是函館的代表特產之一。

① Café TUTU

📍函館市末広町13-5　☎0138-27-9199　🕐11:30～23:00
🏠週四(8～10月無休)　💲自家焙煎珈琲と手作りケーキSet(咖啡甜點套餐)¥980

簡約又舒服的裝潢與人文氣息相輔相成，難怪會成為人氣店家。

　Café TUTU是**金森倉庫地區的人氣咖啡店**，提供自家烘焙咖啡、手作甜點和西式料理，晚上也有供應酒精飲料。走進店裡，即被那美好的人文氣息給吸引，以白色調與溫暖木頭質地為基調的店內空間，點綴著經典的Eames椅子，質感中帶著時髦的設計氛圍，大片書架上擺滿了精選的雜誌、CD和藝文資訊，處處可見店長的好品味。伴著耳邊流瀉的爵士樂，心情也慵懶起來，夜晚更有另一番氣氛。咖啡和餐點皆是用心的美味，濃醇深厚的咖啡香氣能滿足重度咖啡愛好者，自製的咖啡聖代口感層次豐富，也相當受到歡迎。

攀爬的枝蔓夏季翠綠、秋日轉紅，讓整棟建築更顯古典美。

② はこだて明治館

📍函館市豊川町11-7　☎0138-27-7070　🕐9:30～18:00(依季節而異)
🏠週三　🌐www.hakodate-factory.com/meijikan/

　函館明治館前身是建於明治44年(1911年)的函館郵局，直到昭和37年(1962年)為止都作為郵局之用，隨著郵局搬遷之後，這棟建築也就空閒出來，昭和61年(1986年)起才改為民營商場對外開放。現在的明治館內有玻璃製品、音樂盒、點心餅乾等**伴手禮**，也設有**玻璃、音樂盒的製作體驗工房**，二樓還有可愛的泰迪熊博物館，不論是要採購禮品或稍事休息，都是個好去處。

はこだてわいん葡萄館 西部店

📍はこだて明治館內　☎0138-27-8338　🕐10:00～18:00　🏠週二，年末年始
🌐www.hakodatewine.co.jp/

　葡萄館西部店是由在地葡萄酒品牌「HAKODATE WINE」直營，不用到市郊的七飯町本店或工廠，就可以找到各式酒飲。北海道的釀酒用葡萄園規模是日本第一，HAKODATE WINE與余市的葡萄園長期合作，釀造出多種葡萄酒，西部店內**平時都會準備五種以上葡萄酒提供免費試飲**，還有不少函館地區的限定商品，可以找到屬於函館的獨家口味。

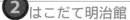

（地圖標示）
大町
新島橋
cafe dining JOE
海上自
函館中華会館
MOSSTREES
北方民族資料館
Angelique Voyage
元町玻璃工房
末広町
Winning Hotel
Green Gables
函館市文学館
舊英國領事館
函館博物館郷土資料館
元町公園
旧函館區公会堂
カフェテラス元町
日本基督教団函館教会
元町日和館
茶房菊泉
ハコダテソフトハウス
東歐雜貨Chaika
函館修道院
函館西高
天主教元町教會
函館東方正教會
チャチャ登り
元
ガーデンハウスCHA. CHA
函館聖約翰
西高運動場
Country Born
函館山夜景
函館山ロープウェイ(函館山纜車)
遊膳

③ 茶房 旧茶屋亭

茶點以外，2樓還有精緻的手作雜貨可以逛逛喔。

超高人氣的蜜紅豆裝滿了水果、白湯圓、蜜紅豆和涼粉，繽紛又可口。

🏠函館市末広町14-29　☎0138-22-4418　🕐7~9月11:00~17:00、10~6月11:30~17:00　⊘不定休　💰フルーツあんみつセット(水果蜜紅豆套餐)¥1,250　🌐kyuchayatei.hakodate.jp

小編激推

面對著二十間坂的「旧茶屋亭」，是兩層樓高的和洋折衷建物，**已有百年歷史**，充滿懷舊氣息的外觀相當吸引人。旧茶屋亭在明治末期原為海產店，於1992年改建為現在的茶屋，保留著舊時外觀，內部裝潢則使用大量的歐式傢俱，**再現了大正時期的浪漫風格**。在如此獨特的空間中享用精緻的和菓子更是一場五感饗宴，寫在金扇子上的菜單、茶具及點心盤等，美得宛如藝術品。

可以親自體驗沏茶樂趣的抹茶和菓子set也很推薦。

室內空間充滿浪漫的大正風格。

④ 函館西波止場

🏠函館市末広町24-6　☎0138-24-8108　🕐9:00~19:00　🌐www.hakodate-factory.com/wharf/

位於金森倉庫對面的「西波止場」，**以應有盡有的海鮮市場聞名**。寬廣的一樓有許多大型冷凍櫃，擺滿了生鮮貝類、螃蟹、魚蝦，以及各種海鮮加工品，函館的代表名產──烏賊，更是以千奇百種的調味和形式吸引著消費者，除了真空包裝的烏賊飯、造型餅乾等，竟然還有烏賊口味的牛奶糖。

函館港

線の島

水産物地方卸売市場

LA VISTA 函館BAY

海寿

幸運小丑ベイエリア本店

金森紅磚倉庫

はこだて海鮮市場本店

函館BAY美食俱樂部

函館西波止場

BAYはこだて

④

金森洋物館café TUTU

② はこだて明治館

CALIFORNIA BABY

① 箱館高田屋嘉兵衛資料館

函館ビアホール

⑤ ③ 茶房旧茶屋亭

往函館駅

長谷川商店

和雑貨いろは

🍜 新函館ラーメン マメさん

北方歷史資料館

The Glass Studio in Hakodate

CASA FLOR Pazar Bazar

日本最老水泥電線杆

久留葉

十字街

tombolo

Studio Oval

OZIO

五島軒本店

銀座魚菜市場

東本願寺函館別院

港ヶ丘教会

北海道坂本龍馬記念館

茶寮

教會

LA JOLIE MOTOMACHI

小いけこがね

山麓駅

千秋庵総本家

宝来町

沙羅の月

茶房ひし伊

護国神社坂

阿佐利精肉店

⑤ 和雑貨 いろは 函館店

店內每一樣商品都有著可愛設計，讓人愛不釋手。

🏠函館市末広町14-2　☎0138-27-7600　🕐10:00~19:00　⊘1~4月的週一

小編激推

函館元町有著多間擬洋風建築與和洋折衷町屋，いろは也是其中之一。いろは為1908年建成的和洋折衷住宅，在1樓懷舊的和風建築上，搭配洋風十足的2樓外觀，甚是獨特。店內的商品則以**和風生活**為主題，**從食器、各式和風雜貨、布製品、廚房用品**，甚至是繪本，生活小物琳琅滿目地陳列整個店內，穿梭其間便情不自禁地沉溺其中。

1 幸運小丑LUCKY PIERROT 港灣本店

> 説起函館就一定會想到的獨家漢堡，沒吃過可別説來過函館！

> 中式炸雞堡是最經典的味道！

小編激推

📍函館市末広町23-18 ☎0138-26-2099 🕐10:00~21:00 💲チャイニーズチキンバーガー(中式炸雞堡)¥380
🌐www.luckypierrot.jp

「**幸運小丑**」是函館地區獨創的**速食漢堡連鎖店**，許多日本人甚至認為來到函館若沒吃到幸運小丑的漢堡就像沒來過。最受歡迎的漢堡是一年賣出30萬份的中式炸雞堡，其他各種獨家口味像土方歲三干貝漢堡、北海道成吉思汗堡，還有每天限量20個的超巨大THE胖漢堡(THEフトッチョバーガー)等也可以試試。

→ **函館三大B級美食**

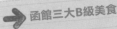

函館市內有許多B級美食，最負盛名的當然要屬幸運小丑漢堡。另外也很出名的長谷川商店，獨家的「烤雞串便當」也是函館必吃名物。美式餐廳CALIFORNIA BABY，分量驚人的「Cisco Rice」擄獲饕客的心。這三家店在函館可說是無人不知、無人不曉，造訪函館時，要是錯過的話就太可惜了。

2 CALIFORNIA BABY

> 肉醬、香腸、奶油炒飯，豐富配料讓味道更有層次，不同的搭配也很有趣。

小編激推

📍函館市末広町23-15 ☎0138-22-0643 🕐11:00~21:00
🈺週四 💲シスコライス(Cisco Rice)¥880

被暱稱為「Cali Baby」的CALIFORNIA BABY改造自大正時代的郵局，外觀就洋溢著美式風情，牆上掛著的照片以及亮著霓虹的吧台更讓人彷彿置身加州。不管是第一次造訪，或是再三光顧的當地人，**眾人心中的首選都是Cisco Rice**，把烤過的美式香腸放在奶油炒飯上，接著淋上滿滿的義大利肉醬，再搭上玉米、馬鈴薯泥，就是風靡在地人的經典滋味。

> 餐點份量很大，食量較小的話建議與同伴分享。

3 長谷川商店ベイエリア店

> 烤肉串多汁又夠味，搭配白飯與海苔超級對味。

小編激推

📍函館市末広町23-5 ☎0138-24-0024 🕐7:00~22:00 💲便當
¥530.28(小，含稅) 🌐www.hasesuto.co.jp

函館有個**當地限定**的連鎖便利商店「長谷川商店」，店內除了各式商品以外，還有販賣**現做便當**。裡面賣著現做的便當就已經很怪了，更奇怪的是，明明叫做やきとり(yakitori，日文的烤雞串)，便當裡頭卻是貨真價實的蔥燒豬肉串，讓人更加好奇。便當份量不大，但現烤肉串熱燙美味，咬下時還會有肉汁溢出，不知不覺間就通通下肚了。

> 利用便當特製的凹槽，就可以輕鬆取出竹籤。

（地圖 map）
大町
cafe dining JOE
海上自〔
函館中華会館
MOSSTREES
北方民族資料館
Angelique Voyage
元町玻璃工房
末広町
Winning Hotel
Green Gables
函館市文学館
舊英國領事館
函館博物館鄉土資料館
元町公園
旧函館區公会堂
カフェテラス元町
日本基督教團函館教会
元町日和館
茶房菊泉
東歐雜貨Chaika
ハコダテソフトハウス
6
函館修道院
函館西高
天主教元町教會
函館東方正教會
チャチャ登リ
元町
ガーデンハウスCHA. CHA
函館聖約翰
西高運動場
Country Born
函館山夜景
函館山ロープウェイ(函館山纜車)
遊膳炙

④ 五島軒本店・レストラン雪河亭

五島軒的咖哩是函館人熟悉的老味道，也是遊客朝聖的美味。

🏠函館市末広町4-5 ☎0138-23-1106 🕐17:00~20:00 🈺週二，1月1日~2日 💴明治的洋食&カレーセット(明治洋食與咖哩組合)¥3,300 🌐gotoken1879.jp

小編激推

創於明治12年的咖哩洋食店五島軒，單是瀟灑的洋館外觀就令人印象深刻，店內氣派豪華的空間與迴廊，充滿懷舊氣息，還曾成為小說和舞台劇的場景。**五島軒的招牌是咖哩，濃厚略甜的香醇味道，是從大正年間傳承至今的不變美味。**另外也有歷史悠久的西餐廳，提供法式和俄羅斯料理。

五島軒在十字街上還有一家洋菓子店，可以吃到懷舊的糕點。

線の島

函館港

隊

水産物地方卸売市場

幸運小丑ベイエリア本店

金森紅磚倉庫

LA VISTA 函館BAY

はこだて海鮮市場本店

函館BAY美食俱樂部

海寿

函館西波止場

BAYはこだて

金森洋物館

はこだて明治館

café TUTU

CALIFORNIA BABY

② ① ③

函館ビアホール

箱館高田屋嘉兵衛資料館

和雜貨いろは

茶房旧茶屋亭

往函館駅→

長谷川商店

北方歷史資料館

⑤

新函館ラーメン マメさん

The Glass Studio in Hakodate

CASA FLOR Pazar Bazar

久留葉

日本最老水泥電線杆

十字街

279

函館市電

銀座魚菜市場

tombolo

OZIO

④ 五島軒本店

北海道坂本龍馬記念館

Studio Oval

東本願寺函館別院

港ヶ丘教会

LA JOLIE MOTOMACHI

Pain屋

函館市電

茶室

茶房・たかはし

牧會

小いけこがね

高島屋珈琲

山麓駅

千秋庵総本家

沙羅の月

茶房ひし伊

宝来町

阿佐利精肉店

這根電線杆不僅有著歷史故事，至今也仍在服役，為當地提供電力。

⑤ 日本最老水泥電線杆

🏠函館市末広町15-1

從二十間坂向下、往港邊的途中，街上有一根略顯奇特的電線杆，仔細一看才發現這根電線杆不是一般的圓柱，而是**四角方柱**，千萬別以為是什麼新穎設計，這可是**日本最早的水泥電線杆**。大正12年(1923年)時，元北海道拓殖銀行函館分店改建為鋼筋水泥建築，由銀行出資委託函館水電公司建造電杆，原本要建成木造圓柱，但考量函館常有大火，也為了與建築平衡，才以水泥築成。

⑥ HAKODATE Soft House元町

🏠函館市元町14-4 ☎0138-27-8155 🕐9:00~17:00，冬季時間9:00~16:00(依季節、天候調整) 🈺不定休 💴霜淇淋¥330 🌐hakodate-soft-house.amebaownd.com/

建於八幡坂旁的HAKODATE Soft House，從2002年開幕至今已有十幾個年頭。店內霜淇淋口味多達約20種，**混和了十勝牛奶與函館牛奶的牛奶霜淇淋(牛乳ソフト)**，牛奶本身的濃醇香氣與甜味，隨著融化在口中的冰散發出來，是店內最具人氣的口味。若是嫌單一口味不夠看，還可以**挑戰限時內完食8段霜淇淋**，據說至今已有多人挑戰成功，快去試試自己的吃冰速度極限吧！

❶ 舊函館區公會堂

🏠 函館市元町11-13　📞0138-22-1001　🕐9:00~18:00、週六至一9:0019:00、11~3月9:00~17:00　❌12月31日~1月3日,有時不定休　💰大人￥300、小孩￥150　🌐hakodate-kokaido.jp/

　　位於元町公園高點的舊函館區公會堂建於1910年,**由粉藍、淺黃為主色配搭而成,左右對稱的殖民風格建築相當搶眼,是相當具代表性的函館建築之一。**過去,這裡作為公共會堂之用,也是天皇巡視函館時的下榻之處。走進寬闊的建築內部,可以欣賞當年流行的吊燈、天井、貴賓室等,還有當年流行的洋風禮服供觀光客出租拍照。

❷ 天主教元町教會

🏠 函館市元町15-30　📞0138-22-6877　🕐10:00~16:00(週日12:00~16:00)　❌12月26日~3月1日,教會有活動時、週日上午及禮拜時不開放　💰獻金￥200　🌐motomachi.holy.jp

　　步上大三坂傾斜寬闊的石坂道,天主教元町教會和函館東方正教會一同鋪陳出浪漫獨特的函館氛圍。**1877年由法國人創建的天主教元町教會,與橫濱山手教會及長崎大浦天主堂並列,是日本著名的古老教堂。**完成於1924年的教堂建築屬哥德式風格,厚重外牆、六角高塔和塔頂的風信雞,充滿莊嚴而和諧的宗教氣息。教堂內華麗的祭壇,是來自羅馬教皇的禮物,也是日本唯一。

❸ 函館東方正教會

🏠 函館市元町3-13　📞0138-23-7387　🕐10:00~17:00(週六至16:00、週日13:00~16:00)　❌12月30日~1月5日,教會有活動時、週日上午及禮拜時不開放　💰參觀獻金￥200　🌐orthodox-hakodate.jp

　　建築優雅的函館東方正教會,外觀以雪白、銅綠兩色為基調,拜占庭風格的圓頂和細膩的鐘塔上,矗立了7座小小的雙十字架。最初建於1859年的教會,為當時駐函館俄羅斯領事人員的信仰中心,也是**日本東正教的傳教原點。**當地人喜愛暱稱教會為「噹噹寺」:當鐘塔明亮柔和的鐘聲,迴盪在充滿異國風情的巷道間,就是幅最獨特的「音風景」。

函館港

水産物地方
卸売市場

幸運小丑
ベイエリア本店

金森
紅磚倉庫

LA VISTA
函館BAY

はこだて
海鮮市場本店

函館BAY
美食俱樂部

海寿

函館
西波止場

BAYはこだて

CALIFORNIA
BABY

金森洋物館

はこだて明治館

café TUTU

長谷川商店

函館ビアホール

箱館高田屋嘉兵衛資料館

北方歷史
資料館

和雜貨
いろは

茶房旧茶屋亭

往函館駅

CASA FLOR
Pazar Bazar

日本最老
水泥電線杆

新函館ラーメン マメさん

The Glass Studio in Hakodate

久留葉

十字街

279

tombolo

OZIO

函館市電

銀座魚菜市場

Studio Oval

五島軒本店

北海道坂本龍馬
記念館

東本願寺
函館別院

港ヶ丘教会

Pain屋

山麓駅

LA JOLIE
MOTOMACHI

茶房・たかはし

小いけ
こがね

高島屋
珈琲

千秋庵総本家

沙羅の月

茶房ひし伊

護国神社坂

一二三號系統

宝来町

あさり坂

阿佐利精肉店

館內的英式茶館
是當地大人氣的
午茶聖地！

5 舊英國領事館

⌂ 函館市元町33-14 ☎
0138-27-8159 ◔
9:00~19:00、11~3月
9:00~17:00 休12月31日~1
月1日 ⑤大人¥300、小孩¥
150 ⓦ www.fbcoh.net/zh

　1907年燒燬於大火的英
國領事館，於1913年英國
政府上海工事局重新設計
改建，成為目前的模樣。**小
巧的外觀和英式庭園相當
可愛**，內部則可以看到當年領事居住和辦公的空間，
還有展示函館開港歷史的紀念館。此外**館內也有道地
的英式茶館**和紀念品店等，提供多種類的紅茶與下午
茶選擇。

空曠的小島擁
有開闊風景，
適合想靜靜享
受景色的人。

6 綠の島

⌂ 函館市大町15 ☎0138-21-3486(函館市港湾空港部管理課) ◔
9:00~20:00，10~11月、1~3月9:00~17:00 休1/1~1/3 ⑤自由參觀

　金森紅磚倉庫對面的人工島嶼──綠之島，8公頃大的島上除
了停車場、大片草坪與長椅之外，可說是什麼都沒有，也正是什麼
都沒有，才能讓人**在這裡感受到最純粹的放鬆**，在陣陣吹拂的海
風、環繞四周的海洋中，品味超脫塵囂的寧靜氛圍。從綠之島向對
岸望去，不同角度的港町風情躍然眼前，紅磚與藍天、河面相映的
景色盡收眼底，夜間點上燈光的光景也別有情調。

4 函館聖約翰教會

⌂ 函館市元町3-23 ☎0138-23-5584 ◔外部自由參觀 ⓦ
nskk-hokkaido.jp/church/hakodate.html

　聖約翰教會的外型不但特別、更充滿現代感：茶褐色的
鏤空屋頂配上雪白色小巧的兩層樓房。若沿著坂道繼續往
上走，就會明白這棟教堂建築的玄機了。原來，**從高處往下
望，教堂屋頂的佈局就是一座展開的十字架**。

江戶末期建造的五角星狀城郭——五稜郭，曾是舊幕府軍與新政府軍最後交兵的舞台，過去的歷史種種可在五稜郭塔內的展示處追憶，五稜郭則轉變為觀光勝地，除了有五稜郭展望台高塔讓人一探星狀碉堡的秘密之外，春天來臨時，櫻花盛開時的五稜郭更是賞花名所。

⑬ 五稜郭

ごりょうかく Goryokaku

道南賞櫻名所 登塔鳥瞰星狀公園

ACCESS

電車
JR五稜郭駅：函館本線、道南漁火鐵道
函館市電「五稜郭公園前」站：2號系統、5號系統

① 五稜郭公園

⌂ 函館市五稜郭町44　☎ 0138-31-5505　
5:00~19:00，11~3月5:00~18:00　◎ www.hakodate-jts-kosya.jp/park/goryokaku/

函館(舊稱箱館)於1855年開港通商，幕府感受到函館的重要，因此耗時8年，打造了這座歐式的五角星形城郭，以作為**當時北海道的政治和軍事中心**。1867年大政奉還後，屢敗屢戰的舊幕府勢力與**新選組撤退至北海道，以五稜郭為根據地**，在此最後一度抵抗支持天皇的新政府軍，即為箱館戰爭(1868~1869年)。最後舊幕府軍戰敗，幕末動亂正式結束，五稜郭也因此在日本近代史中占有重要地位。1914年起，五稜郭作為公園開放給一般民眾使用，尤其以**春櫻盛開**時最為迷人。

五稜郭不僅是函館發展的重要據點，對日本歷史發展也十分重要。

小編激推

登上五稜郭塔能將星形城池盡收眼底。

地圖標示：
● 夏井珈琲Brucke
Pibrey
六花亭
● 函館中央署
① 五稜郭公園
③ 箱館奉行所
Chouette Cacao
幸運小丑五稜郭公園前店
五稜郭塔（五稜郭タワー）
② 函館市北洋資料館
道立函館美術館
函館麵厨房あじさい本店（味彩本店）
ホテルテトラ
鮨處ひろ季
STRAWBERRY PARFAIT
五稜郭公園前
杉並町
Old New Cafe
ホテルシエナ五稜郭
龜田川
行啓通

五稜郭塔賣店

📍五稜郭塔1F

　　到五稜郭塔遊玩，進出時一定會經過塔內的紀念品商店。各式口味的牛奶糖、煎餅，或是狐狸等玩偶，這裡不僅蒐羅了函館、道南，甚至北海道的名產，還有多種**五稜郭塔的限定、原創商品**，官方角色「GO太くん」的文件夾、玩偶，或是以新選組、土方歲三為主角的紙膠帶、明信片、貼紙等小物也非常豐富，要尋找函館特色的話絕不能錯過。

GO太くん可是北海道的人氣角色。

② 五稜郭塔

📍函館市五稜郭町43-9 ☎0138-51-4785 🕐8:00~19:00，10月21~4月20日9:00~18:00，五稜星之夢期間9:00~19:00、1月1日6:00~19:00 💰大人¥1,000、國高中生¥750、小學生¥500 🌐www.goryokaku-tower.co.jp

　　五角柱形的五稜郭塔就位於公園旁，**標高107公尺的展望台可以從空中盡覽五稜郭公園優美的星狀結構，並有五陵郭相關的歷史展示**。位於展望台上、不少日本人開心合照的銅像，則是在箱館戰爭中命喪於此的新選組副長土方歲三像。塔內另外也設有咖啡店、餐廳和紀念品商店。

五稜星之夢 五稜星の夢イルミネーション

函館市觀光

　　冬季時五稜郭公園被白雪覆蓋，登上五稜郭展望台，向下俯瞰，是與看櫻秋楓是截然不同的雪白情調。每年12月起還有燈彩活動，城郭周邊點綴上2,000個燈泡，夜幕低垂時燈火亮起，照亮了五稜郭的輪廓。落時間的差異，看到的景色還會有偏黑、偏藍的不同。因為日本日

🕐12月1日~翌年2月9日17:00~20:00、翌年2月10日~2月28日17:30~20:00 💰五稜郭塔17:00後大人¥810、國高中生¥610、小學生¥410

③ 箱館奉行所

📍函館市五稜郭町44-3 ☎0138-51-2864 🕐9:00~18:00、11~3月9:00~17:00(售票至閉館15分前) 💰大人¥500、小孩¥250 ⓧ12月31日~1月3日、不定休 🌐www.hakodate-bugyosho.jp

　　箱館奉行所是在開港之後**幕府設於函館的政治中樞**，它位於五稜郭的正中心，**豪壯的城池就是為了保衛它而建**。隨著新政府成立，箱館奉行所遭到解體的命運，但因為它的存在是理解五稜郭歷史的重要環節，因此在歷經20年的考證後，函館召集了日本各地的傳統名匠，費時4年完成了主建築的復原工作，並在2010年7月29日正式開放。透過復原的建築，可以明白當時空間使用的狀況、進而了解箱館奉行當時的工作與生活，關於歷史背景與復原過程的介紹也相當有趣。

① 自家焙煎珈琲ピーベリー

🏠 函館市五稜郭町27-8
☎ 0138-54-0920
🕐 8:00~18:00、週日8:00~
17:00(11~3月9:00~17:00)
🚫 週一、每月第2個週二 💲
おねぼうセット(貪睡套餐)¥980
🌐 www.hakobura.jp/spots/91

> 以窗外綠意搭配早午餐,美味更上一層。

小編激推

　位在五稜郭公園一角的咖啡廳ピーベリー(Pibrey),從大片落地窗外射入滿滿綠意,**推薦早來的人可以點份比薩與午前限定的おねぼうセット(貪睡套餐,含蔬果、兩個熱麵包及飲品)**,現點現烤的香氣隨著熱氣一同散發,令人垂涎,香脆的外皮搭配鬆軟的內裡,在閒適自在的氛圍中慢慢咀嚼這份滿足。

> 營業超過25年的夏井咖啡,在當地人與觀光客間都頗為知名。

小編激推

② 夏井珈琲Brucke

🏠 函館市五稜郭町22-5 ☎ 0138-52-3782
🕐 11:00~21:00(L.O.20:00) 💲 キッシュとパスタの
セット(法式鹹派義大利麵套餐)¥1,188 🌐
www.natsui-brucke.com

　有著可愛綠色屋頂和多角形屋子的夏井珈琲,是在地人也很喜歡去的地方,不僅提供多種優質的自家烘培咖啡豆及飲品,老闆娘獨創口味的餐點也非常美味。**最受歡迎的套餐是法式鹹派搭配義大利麵**,烤得香酥的鹹派裡面有馬鈴薯、野菜、火腿和蛋,口感鬆軟綿密。套餐附有飲料和自製霜淇淋,**招牌綜合咖啡混合了八種咖啡豆**,厚實中帶著迷人炭燒香氣。另外,鱈魚子奶油義大利麵也是老闆娘的自信推薦。

> 綠色屋頂既顯眼又可愛。

③ Chouette Cacao

⌂函館市梁川町27-16 ☎0138-33-5766 ⊙
10:00~19:00 ㊌週四 ⓤchouette-cacao.
com

距離五稜郭塔不遠的Chouette Cacao是**函館少有的巧克力專賣店**，店名「Chouette」於法文中意指貓頭鷹，因此店家LOGO就是一隻貓頭鷹。雖然是巧克力專賣店，店內也有其他種類的點心，像是瑪德蓮蛋糕、磅蛋糕、布朗尼、餅乾等甜點，不過最讓人心動的還是櫃子裡一字排開的巧克力，鳳梨、櫻桃、紅茶、杏仁、香檳等不同口味，造型、內餡各異的多種巧克力讓人難以抵擋。

④ Old New Café

⌂函館市本町32-6 ☎0138-55-2005 ⊙11:00~19:00 ㊌週一 ⓢケーキセット(蛋糕套餐)¥880起、カプチーノ(卡布奇諾)¥600 ⓤwww.facebook.com/OLDNEWCAFE.Hakodate

1937年開幕的Old New Café，店主人曾遠赴義大利學習咖啡相關技術，店內的咖啡皆嚴選品質高等的咖啡豆，親自悉心焙煎、沖泡後才提供給顧客，餐飲與蛋糕也都是選用北海道產的安心食材來製作，美味之餘更是吃得放心。**點餐率最高的戚風蛋糕與卡布奇諾組合是本店的招牌**，看起來簡單樸素的蛋糕濕潤有口感，卡布奇諾上的可愛拉花圖案，或是小熊、或是兔子，奶泡細密柔滑，中和了咖啡的微苦，風味絕佳。

簡約的賣店空間，將所有專注力都留給玻璃外的美景。

⑤ 六花亭 五稜郭店

⌂函館市五稜郭町27-6 ☎0138-31-6666 ⊙9:30~17:30，Cafe 11:00~16:00(L.O.15:30) ⓤwww.rokkatei.co.jp

北海道必買伴手禮的「六花亭」，位在五稜郭公園旁的店舖被成排大樹圍繞幾乎看不到店面在哪。包含商品與咖啡廳的這家店，店內裝潢並無特別驚人處，但進到店內空間後，一定會被結帳櫃台後那一大片玻璃外景致所震驚。**緊鄰五稜郭的店，特別在面對公園側以無視覺干擾的大片透明玻璃帶入五稜郭公園四季景色，視覺美景如此豪奢，讓結帳都好享受。**

14

湯の川温泉

ゆのかわおんせん Yunokawa Onsen

函館近郊溫泉鄉 日歸住宿兩相宜

> 湯の川溫泉被喻為「函館的奧座敷」，意指函館近郊的觀光地或溫泉街，濱海的湯之川溫泉街上約有20間的旅館及飯店，還有三處當地民眾常利用的公眾浴場，從函館市街搭乘巴士到這裡只需約15分即可到達，便利的交通，吸引許多遊客順道前來享受泡湯樂趣。

ACCESS

電車
函館市電「湯の川溫泉」站：2號系統、5號系統
函館市電「湯の川」站：2號系統、5號系統
函館市電「深堀町」站：2號系統、5號系統

❶ 湯の川溫泉

⌂函館市湯川町　☎0138-57-8988(函館湯の川溫泉旅館協同組合)　🌐hakodate-yunokawa.jp

擁有350年以上歷史的湯の川溫泉，是**昔日松前城主的私房溫泉地**，以能眺望海景、尤其是捕小管期間的浪漫海上漁火而聞名。沿著市電，湯の川溫泉一帶的溫泉街上以信仰中心湯倉神社為起點，從單純泡湯到一泊二食的高級溫泉旅館都有不少選擇。

❷ 湯元 啄木亭

⌂函館市湯川町1-18-15　☎0570-026-573　💲一泊一食，每人￥15,000起　🌐www.takubokutei.com

湯之川溫泉的溫泉旅館「湯元啄木亭」，整體裝潢流露出細緻高雅的和風氣氛。位於頂樓11樓的風呂「雲海」，廣大室內池有30公尺長的落地窗相伴，**戶外則有可以眺望海洋與漁火的露天溫泉**，會席料理也運用當地海鮮等食材，新鮮豐富。

競馬場前
駒場車庫前
函館市電
市民会館
市民会館前
後藤精肉店
湯倉神社
幸寿司
丸山園茶舗
湯の川
湯元啄木亭 **2 4**
銀月
1 湯の川温泉
望楼NOGUCHI函館
竹葉新葉亭
湯の川観光ホテル
湯元河畔亭
ホテル平成館海羊亭 **3**
湯の川温泉
根崎公園
熱帯植物園前
5
湯の川プリンスホテル渚
(湯川王子飯店渚亭)
熱帯植物園
湯元
漁火館
若松

津 輕 海 峽

4 望楼NOGUCHI函館

⌂函館市湯川町1-17-22 ☎0570-026-573 Ⓢ一泊二食方案,每人約¥38,375起 ⓤwww.bourou-hakodate.com

　在2010年9月以新裝開幕的望楼NOGUCHI函館,房間充滿柔和而溫暖的設計感,**也特別規劃擁有個人溫泉和適合單獨旅行者居住的空間**。頂樓的露天風呂氣氛良好,茶室和閱讀空間等公共空間也令人心情放鬆。

3 平成館 海羊亭

⌂函館市湯川町1-3-8 ☎0138-59-2555 Ⓢ一泊二食,兩人一室每人約¥7,350起 ⓤwww.kaiyo-tei.com

　挑高而充滿開放感的大廳由藝術品點綴,與戶外的日本庭園相映成趣。同樣位於湯之川溫泉的平成館海羊亭**擁有赤湯和白湯兩種不同溫泉**,從展望浴場和露天風呂也都能看到市街和海洋景色,房間也有和室或洋室可以選擇。

泡湯的猴子是冬季參觀的亮點。

5 函館市熱帶植物園

⌂函館市湯川町3-1-15 ☎0138-57-7833 ◷9:30~18:00(11~3月至16:30) ⊗12月29日~1月1日 Ⓢ成人¥300、中小學生¥100 ⓤwww.hako-eco.com

　由函館市經營的函館市熱帶植物園,利用溫泉水的熱度種植約300種爭奇鬥艷的熱帶植物。館內還住了小兔子與猴子,**冬季天寒地凍中,猴子們會泡在暖哄哄的溫泉水中取暖**,看牠們一派幸福的模樣,真是可愛討喜極了。

1 やきだんご 銀月

> 超過50年滋味的美味糰子，是不可錯過的必吃點心。

小編激推

🏠 函館市湯川町2-22-5　☎0138-57-6504　⏰8:30~17:30　🚫不定休　💰串だんご(糰子串)1串¥108

　抱持著想做出「每天吃的零食」而創業的銀月，從昭和41年(1966年)至今，堅持在每個營業日的**早上新鮮製作**，單純實在的美味深受在地人的喜愛。**最具人氣的焼きだんご(烤糰子)更在1985年的全國菓子博覽會中奪得大賞**，來店的客人幾乎都是10根以上在購買。只見親切的媽媽店員們熟練地在白澎澎的糰子上分別抹上大量豆沙、醬汁，一串串熱騰騰的美味便出爐了。使用100%北海道產米製作的糰子非常柔軟，各種口味皆有愛好者，推薦香濃的芝麻口味。

3 湯倉神社

> 函館有小管街道之稱，神社也將籤詩藏在小管造型內，想抽籤詩還得自己釣！

🏠 函館市湯川町2-28-1　☎0138-57-8282　⏰自由參拜　🌐www.yukurajinja.or.jp

　提到湯川溫泉就一定要知道湯倉神社，據說500年前湯川溫泉最初發現的源泉地就在此，雖不可考，但**360多年前確實記載的是松前藩第九代藩主高廣幼年時因體弱多病，來此進行湯治而治癒，湯倉神社也開始廣為人知**。這裡以兩位主神及醫藥與溫泉之神坐鎮，是在地人精神與祈求身體安康的重要神社。

> 因治癒疾病而建社，來這裡當然要用開運小槌把壞運、疾病都打跑。

2 丸山園茶舖 湯の川店

🏠 函館市湯川2-27-29　☎0138-57-3791　⏰11:00~16:00　🚫週日　💰抹茶附和菓子¥450　🌐www.maruyamaen.co.jp

　函館雖然不產茶，卻可以買到高品質且具有當地特色的日本茶。創立於昭和12年(1937年)的丸山園，**從日本各產地嚴選最優質的茶葉，利用各種茶的特性，以函館的風土加以孕育，做出專屬於丸山園的味道**。丸山園在函館擁有多家直營店，其中位於湯倉神社對面的湯之川店，除了茶葉的販售之外，還提供了稍事休憩的空間，旅客可在店內享用現場沖泡的抹茶，配上甘甜的和菓子，感受日本傳統的茶道文化。

再走遠一點

4 幸寿司

🏠函館市湯川町1-27-2 📞0138-59-5437 ⏰12:00~14:30、
17:00~22:30(L.O. 22:00) 🚫週二、12/30~1/1 💲北寄貝握壽
司1貫￥300 🌐www.kozushi.com

　位於湯之川溫泉地區的幸寿司，是間看似傳統，卻可以
於細節處發現老闆創新功夫的壽司店。對新鮮與品質毫不
妥協的老闆，**不僅每天親自到市場挑選食材，為了引出食
材最好的風味，更悉心研究
如何搭配合適種類的鹽**，醋
飯的炊煮、器皿擺盤亦皆相
當講究。墨魚握壽司不腥不
臭、越嚼越香，相當適合細細
品味。而本店必點的創意料
理「ホタテのおこげ」，結合了
西洋與和風，先將醋飯、扇貝
丁混合特製白醬炒過，再烤
到焦香。咬開脆脆的鍋巴表
皮，鹹香鮮美的滋味立刻在
口中擴散開來，十足美味。

特拉皮斯女子修道院／トラピスチヌ修道院

　建於1898年的特拉皮斯女子修道院由法籍修女所創立，
是日本最早的女子修道院。修女們生活的區域並未開放參
觀，但前庭和小小聖堂的氣氛都相當平和寧靜。旁設的建
築有描寫修道院生活的資料館，以及修女們手工製作的瑪
德蓮蛋糕和奶油糖等點心販售。
🚌JR函館駅前【4號乘車處】搭乘[5]系統往 五稜郭タワー・トラピ
スチヌシャトルバス (五稜郭塔 特拉皮斯女子修道院接駁巴士)，在
「トラピスチヌ前」站下車約37分、￥300；也可搭市電至「湯の
川」站轉巴士前往，約15分鐘後再徒步 🏠函館市上湯川町346
📞0138-57-2839 ⏰9:00~11:30、14:00~16:30 🚫12月30日~1月
2日、不定休 🌐www.ocso-tenshien.jp

大沼

おおぬま Onuma

自行車逍遙遊 湖光山色大滿足

ACCESS
電車
JR大沼公園駅：函館本線

搭乘JR前往函館的途中，應該很多人都會被一處近在鐵軌邊的清透池水所吸引，那就是道南唯一的國定公園──大沼國定公園。公園以駒ヶ岳為中心，山腳下的大沼、小沼、蓴菜沼，湛藍池水優美如畫，還入選新日本三景之一呢！公園內設施相當完善，可以划船、騎車或步行輕鬆遊覽。

① 大沼、小沼、蓴菜沼

📍亀田郡七飯町大沼町　☎0138-67-3020(大沼国際交流プラザ)　🌐www.onuma-guide.com(大沼國定公園)

　大沼國定公園是以秀麗的駒ヶ岳為背景，並涵蓋大沼、小沼、蓴菜沼，為**道南唯一的國定公園**。於2012年7月登錄於拉姆薩爾公約(濕地公約)的大沼、小沼、蓴菜沼，都是因駒ヶ岳活火山爆發所形成的湖沼，其中以大沼湖最大。大沼國定公園共包含126個島嶼，島和島之間則有18座橋相連接，在大沼湖還可以搭乘遊覽船或從事釣魚、划獨木舟、騎腳踏車環湖等各種戶外活動。

© 函館市觀光部

於大沼旁默默守護的秀麗駒岳。

② 駒ヶ岳

📍亀田郡七飯町大沼西大沼　☎0137-42-2181(登山諮詢：森町役場防災交通課)　🕐6~10月9:00~15:00開放登山　🌐onumakouen.com/feature_mt_komagatake/

　這座海拔1,131公尺、有著鮮明稜角的山丘十分顯眼，其實駒岳過去也是與富士山一般的圓錐狀，1640年火山噴發後，山頂幾度崩塌，才形成了劍峰、砂原岳等陡峭山勢，變成如今秀美中帶著稜角的山體。駒岳目前仍是活火山，因此**每年只有6~10月間開放登山，登山路徑簡單，大約需要1小時**，對初學者也不算太難，若是有機會的話，不妨登上駒岳，登高俯瞰大沼風光。

駒ヶ岳 ②
白鳥台セバット
月見橋
函館本線
③ Table de Rivage
日本新三景之碑
小沼
小沼橋
夕陽觀景台
すずらん橋
大沼展望閣
ペンション風
源五郎
大沼公園駅
收費停車場
④ 沼之家
Friendly Bear
遊客中心

❸ Table de Rivage

🏠 亀田郡七飯町大沼141
0138-67-3003 ⏰ 11:00~16:00，
船上航程5月中~10月中12:00(30
分鐘) 🈺 不定休 💲 午間套餐¥
1,780起，湖上航程：飲料¥
2,780、午餐¥3,980 🔗 www.gengoro.jp/rivage.html

　Table de Rivage是大沼地區知名的景觀餐廳，餐廳就座落在大沼湖畔的湖月橋旁，正面以紅磚砌成，室內室外的木頭屋樑讓整棟建築充滿原野趣味。店家**運用地產的當季食材**，以大沼牛、在地的あかり農場所產的豬肉，烹調成美味的法式餐點，享受美食之餘，透過木頭窗櫺就能欣賞四季變化，若是覺得光看不夠過癮，**還可以選擇湖上航程，一邊遊湖一邊用餐，**與大沼風光來一趟不同的邂逅。

> 搭船近距離感受大沼之美。

❹ 沼の家

🏠 亀田郡七飯町大沼町145 　📞 0138-67-2104 　⏰ 8:30~18:00(售完為止) 💲 大沼だんご(紅豆＋醤油、胡麻＋醤油)大¥650、小¥390 🔗 www.hakonavi.ne.jp/oonuma/numanoya.html

　創立於1905年的這家點心老店，是所有到大沼遊玩的人都會指定前往的店家。**人手一袋的禮品「大沼糰子」**，盒內分為兩格，分別以大沼湖及小沼湖為意象，一側的口味為醤油，另一側則可選擇紅豆或芝麻，在滿滿餡料中如同湖面浮島般的糰子，和著餡料一起吃十分對味。

大沼與小沼的散步道

　公園內有**7條**人行步道，其中有**4條**串聯大沼與小沼中的各個小島，有徒步15分的大島の路、20分的森の小径、50分的島巡りの路與25分的夕日の小沼道，可視時間選擇適合的路線。

小島巡禮之路
路程50分

大島之路
路程15分

森之小徑
路程20分

夕陽之路
路程25分

函館本線

大沼公園駅

地圖

大沼
❶

◎歌曲「千の風になって」誕生地
東大島

❺
大沼遊船

沼食堂
🏠プロイハウス大沼
　🍴谷口菓子鋪
そば茶屋やま咲
　🍴Café Micio(ミーチョ)
　　🍴Country Kitchen WALD

ポロト館

函館本線

❺ 大沼遊船

🏠 亀田郡七飯町大沼町1023-1 　📞 0138-67-2229 ⏰ 大沼小沼遊覧船9:00~16:20，每40分1班；4月、11~12月不定期航行，5~10月定期航行 💲 遊覽船(30分)大人¥1,320、小孩¥660；手划船大學生以上2人1艘¥2,000、腳踏船(30分)2人＋幼兒1人1艘¥2,000 🔗 www.onuma-park.com

　要想輕鬆**欣賞大沼及小沼各角度的美**，最佳的方式就是搭乘**遊覽船**了。愜意地坐在遊覽船內，迎著微風飽覽眼前的山光水色，而隨著季節的更迭，這景色也會添上不同的色彩。冬天雖因湖水結冰不能搭乘遊覽船，但卻有更為有趣的冰上活動，無論是雪橇還是冰上垂釣，每個都是極為新鮮的體驗。

16

おたるえき Otaru Station
小樽駅

小樽玄關口 周邊美食吃不完

繁榮港口的過往，封存在小樽歷史感的街道、舊時運河與瓦斯燈組成的風景中。現在以觀光為主的小鎮，販賣玻璃製品、音樂盒的小店比比皆是，還有知名的壽司通和美味的洋菓子店，等著遊人一飽口福。

ACCESS
電車
JR小樽駅：函館本線

小樽都通商店街

除了最為熱鬧的堺町以外，距離小樽駅不遠的都通商店街也是遊逛小樽市區時的重點。這裡是小樽最早的拱廊街，也曾是最熱鬧的商店街，如今雖然不復當年盛況，但許多老店都隱藏其中，像是北海道冰淇淋創始店「美園」，或是甜點名店「あまとう」都是在這裡發跡，不妨花些時間，到這條擁有百年物語的商店街尋訪風情各異的老店。

裝潢也頗具懷舊氣息，充滿大正浪漫的氛圍。

❶ 美園 本店

⌂小樽市稲穂2-12-15 ☎0134-22-9043 ◷11:00~18:00時間 (L.O.17:00) ㊡週二、三(週例假日順延) ⓢ愛須旬史夢クリームソフト(霜淇淋)¥500、苺伯福 ストロベリーパフェ(草莓聖代)¥850 ⓦwww.misono-ice.com

來到小樽，怎麼能不到北海道冰淇淋開創店家朝聖一番。

小編激推

美園是小樽的老牌冰淇淋店，創業於西風東漸的1919年，是**北海道最早販售冰淇淋的店家**。採用牛奶、鮮奶油、新鮮水果、蜂蜜、雞蛋等材料純手工製作的各色冰淇淋與聖代，深獲小樽人的喜愛，甜而不膩的滋味，讓吃的人冰在嘴裡、甜到心坎。

❷ 西川ぱんじゅう

⌂小樽市稲穂2-12-16 ☎0134-22-4297 ◷10:00~18:00、售完為止 ㊡週三、四 ⓢぱんじゅう1個¥80

1965年創業的西川ぱんじゅう是**小樽最老的ぱんじゅう店**，店面招牌上就寫著大大的「小樽最好吃」，可見店主對自家商品的自信，半圓形的ぱんじゅう外觀有種質樸的可愛，圓弧部分的外皮有著酥脆口感，一口咬下，裡面是滿滿的香甜豆餡，純粹的豆香非常迷人，恰到好處的甜味更讓人想再多吃幾個。

3 純喫茶 光

🏠 小樽市稲穂2-11-8　☎ 0134-22-0933　🕐 10:00~18:00，因季節而異　💰 咖啡 ¥550　📅 不定休　ℹ️ 店內禁止拍照

咖啡附贈的蜂蜜蛋糕有著懷舊的滋味。

昭和8年(1933年)創業的光，**維持著創業時的風格，只提供茶飲或咖啡。**店內吊燈的暈黃燈光照耀著紅色絨布的座椅，展示櫃裡放著大大小小的油燈，以及造型各異的帆船模型，牆上還掛著玳瑁標本，就連老舊的船舵也成為裝飾，這些都是第一代店主蒐集的骨董，歲月的實感讓人印象深刻。聽著流瀉空氣中的古典樂，喝一口自家烘培的咖啡，搭配香甜的蜂蜜蛋糕，緩和的時光魅力讓人沉醉。

4 中華食堂 桂苑

🏠 小樽市稲穂2-16-14　☎ 0134-23-8155　🕐 11:00~20:30　📅 週四　💰 あんかけ きそば ¥820

桂苑是小樽老字號的中華料理店，**最出名的餐點就是「あんかけ焼きそば」，大火現炒的炒麵帶有焦脆的口感與香氣**，炒麵份量頗多，還加入了豆芽、青椒、木耳、肉絲等豐富配料，再淋上熱燙的芡汁，讓麵條口感更為滑順，沾上黃芥末醬一起品嘗，別有一番滋味。除此之外，店內也有拉麵、炒飯、煎餃等豐富菜單。

舊鐵道線的質樸風情吸引鐵道迷前來一訪。

5 手宮線跡

🏠 小樽市色內　☎ 0134-32-4111(小樽観光振興室)　🕐 自由參觀

開通於明治13年(1880年)的手宮線，為北海道最早的鐵路「官営幌内鉄道」中的一段，其中手宮到南小樽之間的區間即稱為手宮線。**廢線於1985年的手宮線雖然早已退役多年，但過去的軌道及平交道依舊完整地保存在原址**，濃濃的懷舊氣息與寧靜的悠閒氣氛充溢整個空間。

① 三角市場

🏠 小樽市稲穂3-10-16 ☎0134-23-2446 🕐商店6:00~17:00、餐廳7:00~17:00，營時依店家而異 🌐otaru-sankaku.com

> 大多為由水產公司直營的美味店舖，新鮮有保證！

小編激推

一走出小樽車站，便能在左手邊找到名字饒富趣味、專賣海鮮的「三角市場」。三角市場始於昭和23年左右，最大的特色，便在於這裡的店家，將店內新鮮海鮮清一色整齊排列在店家前，並讓客人依自己的喜好挑選。**這幾十公尺的小小市集雖然只有短短一條小徑**，但裡面賣的海鮮超級便宜，還有許多在地人會鑽到小食堂裡吃蓋飯。

> 濃縮北國鮮味的小小世界。

北のどんぶり屋 滝波食堂

🏠三角市場內 ☎0134-23-1426 🕐8:00~17:00 💲わがまま3品丼¥2,200起

三角市場內有不少便宜的食堂，其中不可不提的就是這一家滝波食堂，店內的海鮮丼選擇非常豐富，干貝、甜蝦、鮭魚、等新鮮食材滿滿一碗，還有**可以任選搭配海鮮的3品、4品丼飯**，另外還有超值的海膽丼飯，橘黃色的海膽蓋滿白飯，光看就讓人口水直滴，難怪會吸引顧客大排長龍。

② 拉麵 渡海家

🏠小樽市稲穂3-7-14 ☎0134-24-6255 🕐12:00~14:30、17:00~19:30(湯頭售完為止) 週二、1月1日 💲醬油拉麵¥800

想要品嚐小樽拉麵的美味的話，距離車站不遠的渡海家就是個好選擇。11點開始營業後，店內就會湧入大批食客，一樣是醬油拉麵，**渡海家的醬油拉麵有著近似鹽味拉麵的透明色澤**，清澈湯頭散發著鹹香，略有厚度的叉燒肉表面煎得酥脆，**內裡則是軟嫩的口感**，完美展現了豬肉的甜味與油脂，搭配上軟硬適中的細麵，每一樣素材彼此襯托，才有了這一碗清爽的美味。

> 濃厚系的味噌或是大蒜叉燒拉麵也很受歡迎。

3 雞屋 鳳

⌂ 小樽市色內1-9-11 ☎0134-32-2229 🕐17:00~23:00(L.O.22:45)、週日及例假日17:00~22:30(L.O.21:45) 🈳每月第二個週一、12月31日、1月1日 💴水炊き(コラーゲン鍋)¥1,980

位在巷弄內的「雞屋 鳳」是以鍋類出名的居酒屋，店內主打的內臟鍋(もつ鍋)以及雞肉鍋(水炊き)都是源自福岡的鍋物，不過到了北海道，當然也會使用當地食材，**雞肉鍋使用北海道厚真町產的櫻姬雞，不僅肉質非常柔軟，更有比普通雞肉高出3~5倍的維他命E**，搭配上熬煮出膠質的乳白湯頭，讓這鍋雞肉鍋擁有「膠原蛋白鍋」的名號，也吸引許多女性顧客前來品嘗。

4 小樽バイン

⌂ 小樽市色內1-8-6 ☎0134-24-2800 🕐Cafe 11:30~21:00(L.O.飲品20:30、餐20:00)、Shop11:00~20:00 🌐www.otarubine.chuo-bus.co.jp

北海道在小樽、十勝、富良野等地都有葡萄酒廠，在由舊北海道銀行所改建的小樽酒窖，則販賣了約100種北海道生產的各式紅白葡萄酒。店裡**附設可品嘗葡萄酒和其他酒類的酒吧，也提供佐酒小點和義式料理**，另外還有能直接購買各種道產葡萄酒的店鋪。

> 歷史浪漫街道中的飲酒好去處。

5 越中屋旅館

⌂ 小樽市色內1-8-12 ☎0134-25-0025 💴一泊二食，雙人房每人約¥10,500起 🌐www.etchuya-ryokan.com

創業於1877年的越中屋旅館，過去是開墾北海道的士兵門的宿舍「屯田兵の宿」，1994年則**由武家宅改建成旅館，裡裡外外都有著濃濃的日本味**，房舍只有三層樓高，房內的小擺設、木製家具，散發著木頭香和塌塌米香。以高級秋田杉建築的大廳，**採書院建築特色，這種大廳的建築技術今日已不復見**，更顯珍貴。

1 日銀金融資料館／舊日本銀行小樽支店

⌂小樽市色內1-11-16 ☎0134-21-1111 ◷4~9月9:30~17:00、12~3月10:00~17:00(入館至閉館前30分鐘) ㊡週三(遇假日開放)、12月29日~1月5日、不定休 ⑤免費 ⌨www3.boj.or.jp/otaru-m/

　建於明治45年(1912年)的日本銀行小樽分行是由辰野金吾設計，**佇立百年的典雅姿態是小樽的代表建築**。完成銀行任務之後，這棟建築改為資料館，**展出豐富金融資料**，內容遠從紙幣發行的背景、面額變革，以及小樽分行的業務、改建過程，到現在在2公尺高的鈔票有多少錢、鈔票的原料，還準備了一億元日幣鈔票，讓大家試著抱起一億元的重量，靜態與活潑的展示都很有趣。

小樽曾作為鯡魚(ニシン)、煤炭的出口港而興盛，許多銀行都到小樽開設分行，大正11年(1922年)時小樽市區就擁有19家銀行，遠超過函館的16間以及札幌的10間，是名副其實的「北之華爾街」。當時的銀行建築現在多活化為餐廳、商業設施，甚至還有改為飯店的呢。

北之華爾街
北のウォール街

別忘了欣賞優美的內部裝潢。

2 蕎麥屋 籔半

⌂小樽市稻穗2-19-14 ☎0134-33-1212 ◷11:30~14:30、17:00~20:00 ㊡週二、週三(每月一次不定休) ⑤ニシン蕎麦¥1,500 ⌨www.yabuhan.co.jp/

　籔半是小樽的蕎麥麵名店，從昭和29年(1954年)創立以來，一直受到當地人愛戴。店內**多種搭配的蕎麥麵中，最讓人念念不忘的就是可品嘗鰊魚(ニシン)的一品了**，將捕自小樽前浜地區的鰊魚製成一夜干後，再用店家自豪的蕎麥湯為底烹煮，軟嫩魚肉帶有入味的鹹甜，搭上香氣清爽的滑溜麵條，是土地與大海的美好邂逅。

美食以外，改裝自富商宅邸的建築也很值得注目。

小編激推

出站就可聞到四溢的麵包香氣。

3 小樽SAINT-GERMAIN

⌂ 小樽市稲穂2-22-15(JR小樽駅內) ☎ 0134-64-1501
7:30~20:00 🖳 www.h-saint-germain.co.jp

　2012年4月改裝完工後的小樽車站，風氣煥然一新，在改札口處向上望，可見玻璃窗前是一排排的煤油燈，獨特的裝飾非常有懷舊氣氛。除了外觀換新，站內也進駐了多家商店，其中的小樽SAINT-GERMAIN是北海道的連鎖店鋪，至今已有超過60家分店，因為秉持著「提供現烤的美味麵包、愉快輕鬆的氣氛、乾淨整潔的店面」理念經營，**品質讓人安心**，也讓前來光臨的顧客從早到晚幾乎不曾間斷。

裝潢低調的在地人午茶愛店，其實就位在小樽駅對面。

店家也有提供午茶，瑪芬蛋糕也是當店名物哦～

小編激推

4 Cake & Café MARIE LAURENCIN

⌂ 小樽市稲穂3-9-1 ☎ 0134-34-4222 🕐 8:00~20:00
🚫 週二 🍴 Aセット(Tea+ckae)¥840

　喫茶店MARIE LAURENCIN備受當地人喜愛，店名取自法國女畫家之名，從店名到裝潢都**希望讓顧客感受到巴黎的美好氣息**。店內最出名的就是**各種無添加香料的手作蛋糕**，簡約的巧克力蛋糕有著鮮明可可香氣，口感恰好，不會過於乾燥或是濕潤，綿密質感搭配上香濃鮮奶油更是美妙，一口紅茶一口蛋糕，午後的時光就這樣幸福地度過了。

❶ 柚子工房 本店

⌂ 小樽市色 2-2-21　☏ 0134-34-1314　🕐 9:00~17:00　🈺 不定休　🅿
yuzu-koubou.main.jp/

柚子工房是一家**販售玻璃藝品、陶製杯碗,同時也提供手做體驗的店家**。店外的雨棚有著亮眼的黃白條紋,店內則擺滿各異其趣的商品,可愛的擺飾小物,個性的貓咪主題作品,或是和風的提袋、明信片等,商品種類是百百款,因為店名是「柚子」,還有滿滿一櫃子的相關商品,印著柚子圖樣的杯碗、茶匙,都很吸引人,整間店清爽又充滿活力。

雖然位置稍微遠離熱鬧大街,但鮮美生魚片及握壽司依舊吸引許多饕客上門,並贏得顧客好評。

小編激推

❷ 魚真

⌂ 小樽市稲穂2-5-11　☏ 0134-22-0456　🕐 12:00~14:00、16:00~21:00 (L.O. 20:15)　🈺 週日(隔天若為假日則營業)　💲 お寿司(上)10貫¥1,750

魚真的店主人三代皆經營漁業,經過長年來的經驗養成,挑選新鮮味美海產的眼光精確,店內使用的海鮮品質值得信賴,如果因選擇太多而遲遲無法點餐,**推薦可以點10貫的上壽司或特上壽司,想吃高級一點的還可以選15貫的魚真握壽司、小樽握壽司**,隨餐還附贈土瓶蒸,加入鮮蝦、昆布、香菇的湯十分清甜順口,吃過生魚片正好可以暖暖胃。

家庭氣氛的壽司店。

❸ 寿し処 一休

⌂ 小樽市色内1-12-2　☏ 0134-33-0692　🕐 11:00~21:00(售完為止),19:00後需預約　🈺 不定休　💲 海鮮丼¥2,800　🅿 www.ikkyu-hitoyasumi.sakura.ne.jp

創業超過20年的壽司舖一休由親切的本多夫婦所經營,**本多師傅每日親至市場挑選新鮮漁獲,並以合理的價格提供給顧客**。例如載滿牡丹蝦、海膽、鮭魚子與螃蟹等人氣食材的海鮮丼只要2800日幣,新鮮肥美的3大隻鹽烤牡丹蝦也只要1600日幣;除了觀光客外也很受當地人的喜愛。

第三号埠頭
●小樽開發埠頭
● レンタサイクルシー
小樽海上観光船
454
小樽運河 Cruise　小樽運河
il PONTE　小樽　運河プラザ
Le quatrieme　倶楽部　(運河廣場)
小樽市総合博物館　運河プラザ
古道具屋　運河館　Hotel Nor
OLDECO　vivre sa vie　柚子工房　OTARU
+mi-yyu　❶　色内1丁目
色内
中央通り　手宮線跡
市民センター
(マリンホール)
Smile Hotel Otaru別
Smile Hotel Otaru本館
拉麺 渡海家
美園
dormy inn　Cake & Café
PREMIUM小樽　MARIE LAURENCIN
拉麺 西や　長崎
三角市場　小樽SAINT-GERM
瀧波食堂　駅なかマート「TA
小樽駅　小樽駅前ターミナ
Arinco Mou Dash　観光案内所　小樽站前總站
伊勢鮨
小樽駅

小樽壽司屋通

北國豐富的漁產使小樽發展出豐富的壽司與海鮮丼文化，小小的腹地裡就有近百間的壽司店，其中有20間以上都集中在與堺町通相交的壽司通。如一休、政壽司、日本橋及しかま等；吃壽司講究的是材料鮮度，而這些老舖無論是食材或料理手腕，都是當地人掛保證的。

🔗 www.otaru-sushiyadouri.com

④ おたる 政寿司本店

80年歷史的老牌壽司店，職人堅持的美味令人再三回味。

小編激推

🏠小樽市花園1-1-1(寿司屋通り) ☎0134-64-1101 🕐11:00~15:00(L.O.14:30)、17:00~21:00(L.O.20:30) ❌週三、1月1日(可能依例假日、祭典活動更動) 💲政寿司 茜 ¥3,500 🔗www.masazushi.co.jp

小樽最出名的壽司店「政寿司」已有近80年歷史，**由自家漁產店直送的漁貨保證新鮮，**近年來還在競爭激烈的小樽開設分店。店裡的握壽司10貫約1500日幣起跳，頂級的「政寿司嚴選」則有大牡丹蝦、海膽、淺粉紅的肥美鮪魚等，都是道地的北海道食材，叫人看了食指大動。

昭和時代的庶民風味。

⑤ おたる屋台村 レンガ横丁

🏠小樽市稲穂1-4-15 🕐依店家而異，約17:00~23:00 ❌依店家而異 🔗otaruyataimura.jp

靠近小樽車站的「おたる屋台村 レンガ横丁」，**呈現出60年代日本昭和時期的庶民風情**，橫丁內集結了居酒屋、炭燒、成吉思汗等多家小攤子，高掛店前的大紅燈籠以及張貼在牆上的電影、美女海報，把小小的美食村裝飾得充滿懷舊風味。

北海道代表風景 小樽最美景色

おたるうんが Otaru Canal

小樽運河

ACCESS
電車
JR小樽駅：函館本線

小樽最美的風景——小樽運河，可以説是最具代表的景點，這條已廢棄不用、埋填掉大半的運河，經過高明的規劃，變身為城市最浪漫的地點。走下河堤石徑，散步的情侶、專業攝影師、街頭藝人，每個人都在運河邊找到樂趣。

小樽運河充滿浪漫懷舊的氛圍，不論四季風景都如詩如畫。

1 小樽運河

⌂小樽市色內、港町 ☎0134-32-4111(小樽觀光振興室) ◎自由參觀

小編激推

建於大正年間的小樽運河，見證了小樽港口的黃金時期，隨著港運衰退後轉為觀光之用，現在，**瓦斯燈暖黃光線中，小樽運河以及運河側舊倉庫群的迷人構圖，已成為小樽甚至北海道的代表景點**。每年2月當中的10天，這裡也會成為小樽雪燈之路的主會場，在冬日裡搖曳的燈火照亮了雪白運河風景，更添浪漫氣氛。

2 小樽運河倉庫群

⌂小樽市港町 ◎11:00~23:00(依季節、店家而異)

小樽運河旁古色古香的石造倉庫群，伴隨著運河的觀光化，也成為商店街與餐廳。以淺草橋為界，**其中一頭的小樽運河食堂聚集了拉麵、海鮮丼等各種平民美味，另一頭則是幾間分散的獨立餐廳**。其中名為「小樽倉庫No.1」的是小樽地產啤酒的店面，除了參觀釀造外也附設啤酒餐廳，可以一品小樽啤酒的魅力。

➡ **小樽雪燈之路**

每年2月當中的10天，美麗的小樽運河上會浮著一顆顆昔日繫在漁網上的玻璃浮球(浮き玉)，浮球內點著蠟燭，在運河上閃耀著動人的火光。而裝飾在運河旁步道及舊手宮線沿途亦裝飾著盞盞燈光，**上百盞雪製蠟燭襯著純白積雪，美麗景象如夢似幻**，每年吸引近50萬人前來觀賞。

⌂手宮線会場、運河会場等處 ◎2月中旬，點燈時間約為17:00~21:00 ☞www. yukiakarinomichi.org

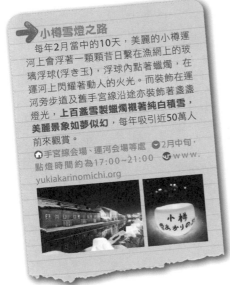

美食餐廳匯聚一堂。

④ 小樽浪漫館

⌂小樽市堺町1-25 ☎0134-31-6566 ⏰9:30~17:30 🌐www.tanzawa-net.co.jp/shop/02.html

　　小樽浪漫館由舊百十三銀行小樽分店改建而成，是明治41年(1908年)建造的建築。小樽浪漫屋店內十分廣闊，**挑高的空間全年皆以聖誕節飾品裝飾，充滿節慶的歡樂氣氛**，靠近店門的區域販售天然石及飾品，裡面則擺售各色晶瑩剔透的玻璃藝品，豐富多樣的商品各個都精巧可愛，無論是收藏或是送禮都十分適合。

Café DECO

⌂小樽浪漫館內 ☎0134-31-6566 ⏰9:30~17:00(L.O.16:30) 🍴カフェ・ラテ（拿鐵咖啡）￥480

　　位於小樽浪漫館一隅的Café DECO，挑高的咖啡廳空間內，**從木製桌椅到擺飾皆以懷舊復古為基調，彷彿與外界的喧囂時空完全隔絕**，充滿沉穩寧靜的氛圍。在小樽浪漫館購物後，推薦可進入店內稍事休息，點上一杯溫暖的可可或是蜂蜜牛奶，再加上淋上蜂蜜的現烤鬆餅，入口後甜滋滋、暖洋洋的滋味在口中散開，幸福與滿足感也隨之而生。

旅遊資訊都在這！

③ 運河廣場

⌂小樽市色內2-1-20 ☎0134-33-1661 ⏰9:00~18:00

　　利用百餘年歷史的小樽舊倉庫再利用而成的運河廣場，**是結合商店與觀光情報功能的複合式空間**，從門口一進去就可看到會說各國語言的親切職員，其中也包含說中文的工作人員，**有任何關於小樽的旅遊問題都可以盡量提問**。廣場一旁是休憩空間，可拿免費索取的觀光及住宿資訊手冊，還有附設藝品及伴手禮區，供遊客選購當地土產。

⑤ café色內食堂

⌂小樽市色內1-6-27 2F ☎0134-55-2999 ⏰9:00~21:00 🍴モーニングセット(早餐套餐)飲料+￥100、色內弁当箱￥590

食堂位在2樓，沒注意的話很容易就會錯過。

　　café色內食堂位在舊塚本商店之內，建築本身興建於大正9年(1920)，從前是和服店，現在2樓則是咖啡廳所在，店內飄散著略帶華麗的懷舊氣息，寬敞空間與舒適氣氛讓人十分放鬆以外，店家提供的餐點更是划算，**上午11點以前只要點飲料再多加￥100，就能夠享用吐司、炒蛋、香腸、培根、沙拉等豐富的早餐**，午餐時段更有滿滿道產食材的**色內便當**，可以大啖天婦羅、炸雞、玉子燒等多種配菜，甚至**還有日幣千元有找的十勝牛午餐**，超實惠的價格讓人大呼感動。

③ ニトリ小樽芸術村

如果住宿不含早餐的話，建議在11:30前的早餐時段造訪，不僅人潮較少，還可以選擇咖啡加美味吐司的晨間套餐！

花窗玻璃的美麗不論信仰，璀璨的感染力讓人不由得靜下心來。

⌂ 小樽市色內1-3-1　☎ 0134-31-1033　◷ 9:30~17:00，11~4月10:00~16:00(入館至閉館前30分鐘)　✕ 11~4月週三、5~10月週三(週例假日順延)　$ 4館共通券大人¥2,900、大學生¥2,000、高中生¥1,500、國中以下免費(其他單館費用見官網)　ⓦ www.nitorihd.co.jp/otaru-art-base/cn/

小編激推

2016年中開幕的宜得利藝術村也是以小樽的老建築改造而成，分為花窗玻璃美術館、新藝術玻璃館以及似鳥美術館，館內展示不同風情的藝術品。**參觀的重點當然是蒐羅了花窗玻璃的舊高橋倉庫。**

走進倉庫中，眼前盡是花窗玻璃閃耀出的七彩光芒。這些19世紀末至20世紀初的英國花窗玻璃都曾是教堂裝飾，想到其經歷的年歲與波折，讓花窗之美更顯動人。彩繪的內容大多是聖經場面，或是敘述人間美德的故事，看著這些年代、主題各異的藝術品照耀，華美又聖潔的氣息撼動人心。

也能單點咖啡、蛋糕。

① OTARU TIMES GARTEN

⌂ 小樽市港町5-4　☎ 0134-24-5489　◷ 平日·週日及例假日10:00~21:00、週五·六及例假日前一天10:00~22:00。(飲料L.O.前30分鐘、餐L.O.前60分鐘)　✕ 不定休　$ あつあつモーニングセット(晨間套餐)¥600、午餐套餐¥1,650~　ⓦ otaru-times-garten.com

繞過小樽運河，往倉庫群所在的街道走，就會發現有著醒目藍色外觀的OTARU TIMES GARTEN。這裡是結合肉食、麵包、咖啡三種餐飲服務的複合空間，以「花園」為概念，選用大量木材打造出舒適環境，加上緊鄰小樽運河，若是能坐在窗戶旁的特等席，就能夠一邊享用餐點，一邊獨享窗外的運河景色，尤其冬日來訪的話，更可以欣賞運河浪漫的雪景，絕佳景色讓人流連忘返。

② 大正硝子館 本店

⌂ 小樽市色內1-1-8　☎ 0134-32-5101　◷ 9:00~19:00　ⓦ www.otaru-glass.jp

大正硝子館為利用舊時商店改裝成的玻璃店舖，**以本館為起點，有不同主題的玻璃製品店面、製作及體驗工房等相連**，承襲自大正時代優雅風格的自家工房作品也很受歡迎。本館後方的「蜻蜓珠館(とんぼ玉館)」還賣有大大小小、色澤瑰麗的蜻蜓珠，漂亮的珠子可串成各式手環、項鍊等飾品。

除了配好色的成品外，還有零賣的珠子可自由選購、創意搭配。

小編激推

レンタサイクル シー

小樽海上観光船

OTARU TIMES GARTEN

il PONTE
Le quatrieme

小樽運河 Cruise

小樽運河

小樽運河プラザ (運河廣場)

運河プラザ

①

小樽俱樂部

古道具屋 OLDECO

vivre sa vie +mi-yyu

小樽市総合博物館 運河館

柚子工房

Hotel Nord OTARU

色内1丁目

色內通り

花ごころ

中央通り

往小樽駅↓

手宮線跡

店外為散策巴士乘車處，候車時不妨進來逛逛。

5 小樽運河ターミナル

小樽市色内1-1-12 0134-22-7774（中央巴士色内營業所）9:00~18:00(夏季至18:30)

小樽運河總站是中央巴士開設在小樽的商業設施，建築原為1922年建的三菱銀行小樽支店，於2006年改造成今日的樣貌，四層樓的希臘羅馬風建物內有著高挑的空間，相當具有歷史風味，**這裡有小樽名店桑田屋。**

在這裡找得到海內外各種蠟燭藝品。

4 小樽キャンドル工房小樽蠟燭工房

小樽市堺町1-27 0134-24-5880 10:00~18:00、2F咖啡廳 11:30~17:30(L.O.17:00) 蠟燭製作體驗(15分)¥1,650~2,750不等 otarucandle.com

位在妙見川旁的小樽蠟燭工房，石造倉庫改建的店外爬滿地錦，夏季是一片生意盎然的翠綠，秋天則換上一身橘紅，光是外觀就十分有看頭。蠟燭工房內的**商品以自製的原創蠟燭為主，並網羅國內外設計蠟燭作品**於店內販售，個個色彩繽紛、造型精巧地像是藝術品。

6 出拔小路

小樽市色内1-1 11:00~23:00(依店家而異) otaru-denuki.com

出拔小路過去是運河船隻的卸貨處，現在，以舊地名為名的小樽出拔小路則是復古風的飲食街。在明治大正時期的懷舊氣氛中，拉麵、壽司、成吉思汗烤羊肉等小店約10多間比鄰而居，平均營業時間到晚上的9、10點左右，是**晚上打牙祭的好去處。**

復古美食街道也是小樽美食的聚集地。

澤崎水產1号店

出拔小路內 0134-23-2112 11:00~20:00 11~4月的週四 海鮮丼¥3,300起 otaru-denuki.com/shop/sawazaki1/

小巧店面常常滿席，不過美味丼飯就是值得等待。

作為港都，小樽當然也有大碗划算的海鮮丼。出拔小路正面的這家食堂是由40年經歷的澤崎水產直營，每日都有新鮮海味可以品嚐，**鮮甜的干貝、厚實的鮪魚以外，還有松葉蟹肥滿的蟹腳，一次就可以吃到多種大海恩惠**，難怪會成為小樽的人氣餐廳。

小編激推

ガル(腳踏車出租)

17 かま栄本社前

小樽倉庫No.1 小樽運河倉庫群
宜得利小樽藝術村 おたる政寿司 小樽運河 かま栄
HOTEL ぜん庵 小樽キャンドル工房
SONIA 小樽ふる 3 6 小樽出拔小路
北のアイスクリーム屋さん とんぼ玉館 4 小樽浪漫館
(北之冰淇淋店) 5 2 大正硝子館 岩永時計店
北のウォール街 小樽運河
(北之華爾街) ターミナル
小樽局 日銀金融資料館

越中屋旅館 小樽バイン(小樽酒窖)
麻ほろ 雞屋 鳳 日銀金融資料館 寿司処 一休
手宮線跡 市立小樽美術館/
市立小樽文學館

18 堺町通

さかいまちどおり Sakaimachi Dori

玻璃工藝晶瑩奪目 音樂盒樂音流轉

ACCESS
電車
JR小樽駅：函館本線
JR南小樽駅：函館本線
JR小樽築港駅：函館本線

> 小樽原是札幌的外港，因漁業而致富。明治維新後，更是對北方(俄羅斯、歐洲等)貿易的重鎮，所以市街特別有俄式的歐洲風情。堺町通和童話十字路口(メルヘン交差點)之間，時髦的商店、玻璃藝品店長長一列，逛到腳痠都還興致高昂。

> 小樽打卡聖地，沒看過店前蒸氣時鐘就不算來就小樽！

小編激推

1 小樽オルゴール堂 小樽音樂盒堂本館

🏠 小樽市住吉町4-1　📞 0134-22-1108
9:00~18:00　🌐 www.otaru-orgel.co.jp

　小樽音樂盒本館位在與堺町通交界的童話十字路(メルヘン交差点)上，鄰近幾間充滿古典歐洲風味的建築，本館門口古老的蒸氣時鐘與流洩的音樂盒樂聲，構成一幅充滿異國情調的美麗街景。充滿華麗感的本館中，擺滿了各式各樣繽紛精巧的音樂盒，**3樓還有能自製音樂盒的體驗工房**。小樽音樂盒堂除了本館之外另有5間分店，**其中位於本館對面的2號館為古董博物館**，裡頭收藏了許多珍貴的音樂盒與音樂鐘，相當有趣。

　小樽音樂盒堂本館前五公尺高的蒸氣時鐘是當地特色地標，1977年由加拿大工匠製作而成，每15分鐘便會以蒸氣演奏音樂，整點時還會以汽笛報時，總是吸引遊客駐足等待，蒸氣時鐘所在的十字路口也因為四周優雅街景太過夢幻，而被稱為「童話十字路口(メルヘン交差點)」，成為小樽的打卡名所。

小樽ふる川
宜得利小樽藝術村
かま栄本社前
小樽運河倉庫群
⑰
かま栄本社前
おたる政寿司ぜん庵
小樽運河食堂
小樽運河
かま栄
小樽出抜小路
とんぼ玉館
小樽キャンドル工房
北のアイスクリーム屋さん(北之冰淇淋店)
小樽浪漫館
岩永時計店
小樽運河ターミナル
大正硝子店
北のウォール街(北之華爾街)
日銀金融資料館
小樽局
越中屋旅館
小樽バイン(小樽酒窖)

> 樂聲悠揚的百變音樂盒。

2 北一硝子 三號館

⌂ 小樽市堺町7-26(三號館) ☎ 0134-33-1993 ◷ 9:00~18:00
🌐 www.kitaichiglass.co.jp

北一硝子歷史相當悠久，前身「浅原硝子」是最早爲小樽市製造出文明象徵的瓦斯燈與漁業用「浮玉」的大型玻璃工房。現在，北一硝子則在堺町通上增建多間店面、工房、美術館等，觸角也延伸到酒藏甚至餐廳。其中**最具代表的是運用舊木村家倉庫改建成的北一硝子三號館，它是小樽舊倉庫再利用的首例，可說是小樽現在城市景觀的促成者**。三號館裡販賣日本與海外的各種精美的玻璃藝品，此外也能找到瓦斯燈等充滿小樽味道的原創商品。

老建築重生後的優美小樽，就是從這裡開始！

小編激推

3 銀の鐘1号館

⌂ 小樽市入船1-1-2 ☎ 0134-21-2001 ◉ 1F賣店 9:00~17:30(2F至17:00)，會依季節調整營業時間 🍰 下午茶 (Hello Kitty杯盤)¥870 🌐 www.ginnokane.jp

銀の鐘位在童話十字路口，古典的紅色石磚外型非常漂亮，是家專賣美味蛋糕和北海道土特產點心的商店。銀之鐘的2樓是咖啡屋，3樓則是露天的咖啡座，**只要點杯咖啡或紅茶，就附一塊小蛋糕，而且還可將杯盤帶回家呢**！

上百盞油燈閃爍，美麗的燈彩充滿夢幻氛圍。

北一ホール

⌂ 北一硝子三號館內 ☎ 0134-33-1993 ◷ 9:00~17:30 🌐 www.kitaichiglass.co.jp/shop/kitaichihall.html

北一硝子三號館內除了販賣精美玻璃藝品之外，還有一處美輪美奐的咖啡廳。走進店內，一定會為眼前璀璨的光景撼動，**店內點著167盞油燈，還綴著一串串燈泡，燈火的光暈彼此折射，為店內空間綴上柔和光芒**，若是在聖誕前後造訪，還可以看到裝飾的聖誕樹，充滿華麗又浪漫的氣息。

① 六花亭 小樽運河店

📍 小樽市堺町7-22　☎ 0134-24-6666　▼
10:00~17:00　🌐 www.rokkatei.co.jp

　本店位於帶廣的六花亭，在北海道有名的狀況幾乎是在哪開店哪裡就爆滿的程度。位於小樽的直營店就在北菓樓隔壁，除了有寬廣的店鋪可以盡情選購六花亭的各種點心，**2樓也設有咖啡座，販售幾款簡單的現場限定甜品**，還會貼心附贈一杯熱咖啡。

分店限定的伴手禮絕不能錯過

② 北菓樓 小樽本館

📍 小樽市堺町7-22　☎ 0134-31-3464　▼ 9:00~18:30(冰淇淋 L.O.18:00，飲料
L.O.16:30)，10~5月9:00~18:00(冰淇淋 L.O.17:30)　🚫 1月1日　💲 年輪蛋糕+冰淇淋+飲品組合(小樽本館バウムクーヘンセット)￥515　🌐 www.kitakaro.com

　來自北海道砂川的洋菓子鋪「北菓樓」是北海道到處可見的代表點心品牌，**最有人氣的商品就是在日本美食網站tabelog票選第一名的千層年輪蛋糕「妖精の森」**，選自北海道最高級原料，並由職人一層層手工烘焙而成的蛋糕口感細膩香甜。另外，店內製作的各種泡芙更是極品，輕輕咬下，滿滿的奶油內餡便從外皮的縫隙中爆出，滑潤綿柔的滋味盤踞舌尖，久久不散，最推薦外皮酥脆的夢不思議，及包覆著奶油、奶凍的北之夢泡芙。

還能見到「妖精の森」的製作過程唷。

③ LeTAO 本店

📍 小樽市堺町7-16　☎ 0120-
31-4521　▼ 9:00~18:00
(2Fcafé~17:30L.O.)　💲 蛋糕+飲品組合￥1,500　🌐
www.letao.jp

　這間來自小樽的洋菓子鋪，以一款木盒包裝的雙層起士蛋糕打響了名號，最有名的要屬金字塔型的紅茶巧克力。在童話十字路口上的本店外觀相當華麗，1樓可以購買LeTAO的各式蛋糕和甜品，位於**2樓的咖啡廳則可以現場享用各款新鮮美味的LeTAO蛋糕**，搭配的飲料也經過店方的精心挑選。3樓是展望台，可以遠眺運河與街景。

超人氣起司蛋糕是小樽不可不吃的美味點心！

小編激推

（地圖）
小樽ふる川
宜得利小樽藝術村
小樽運河倉庫群　⑰　小樽運河食堂
浅草橋　小樽運河
おたる政寿司　ぜん庵　小樽出抜小路
北のアイスクリーム屋さん(北之冰淇淋店)　とんぼ玉館
H　小樽浪漫館
小樽運河ターミナル　大正硝子館
北のウォール街(北之華爾街)　日銀金融資料館
小樽局
H 越中屋旅館　小樽パイン(小樽酒窖)
かま栄本社前
かま栄
小樽キャンドル工房
岩永時計店

④ LeTAO Chocolatier

⌂ 小樽市堺町4-19　☎0134-31-4511
🕐9:00~18:00　Ⓤwww.letao-brand.
jp/shop/nouvellems/

知名的LeTAO除了本店以外，還開了
多家分店。距離本店不遠的LeTao Le
chocolat是**品牌唯一的巧克力專賣
店**，店內常備50多種巧克力產品，光是
熱賣的生巧克力就有原味、抹茶等多
種口味，**還有20幾種的限定商品**，像
是人氣很高的霜淇淋，就是以可可濃
度相當於125%的全新巧克力製成，若
是冬日過於寒冷，也可以點上一杯限
定的巧克力熱飲，濃郁可可的醇厚讓
人從心底暖和起來。

濃郁抹茶融
入各式甜點
都很對味。

⑤ 茶和々 茶和和

⌂ 小樽市堺町4-14　☎0134-26-6668
🕐9:30~17:30　Ⓤwww.telacoya.
co.jp/company/archives/1784

在各大甜點
品牌分店之中，
堺町街上多了
一家有著綠色
外觀的顯眼店
鋪，一如那濃綠的店
面，**店內專賣各式抹茶
點心**，沾滿抹茶粉的軟
糯蕨餅，或是有著甜甜內餡的抹茶菓
子，**就連費南雪、瑪德蓮等西式點心
也統統都是抹茶口味**，當然也有不能
缺少的霜淇淋以及抹茶飲品，抹茶控
們可千萬別錯過了。

① 可否茶館 小樽店

🏠 小樽市堺町5-30　📞 0134-24-0000　⏰ 10:00~17:00　🌐 www. kahisakan.jp

　小樽咖啡豆品牌可否茶館，本店位於建築景觀優美的堺町通上。茶館內供應嚴選自各地的優質咖啡豆，**獨家以炭火烘焙而成的自家焙煎咖啡，每一杯都是由工廠直送、7日內烘焙完成的新鮮咖啡豆悉心煮成**，香濃原味只要嘗過就知道與眾不同。

② Souvenir Gallery OTARU

🏠 小樽市堺町5-39　📞 0134-61-1350　⏰ 10:00~18:30　🌐 kyoto-souvenir.co.jp/brand/souvenir_gallery/

　發祥於京都的Souvenir Gallery是一家紀念品選物店，**店內商品都是經過嚴選的小物，光是口金包就有多種花紋**，從古典和風的水玉圖樣，到現代可愛的花朵圖案，多變的圖樣以外，尺寸大小也有多種選擇，小巧的圓形、大方的長夾都有，也有限定的手帕或是繽紛糖果，每一件商品都充滿店家精選的心意。

3 かま栄 工場直売店

🏠 小樽市堺町3-7　📞 0134-25-5802
🕐 9:00~19:00　🚫 1月1日　💲 パンロール(麵包捲)¥216、ひら天(原味甜不辣)¥194　🌐 www.kamaei.co.jp

> 直賣店內還設有提供餐飲及休憩的かま栄咖啡,提供蝦子三明治、起司球等限定小點喔。

小編激推

創業於1905年的かま栄為魚板專賣老店,從開創至今已拓展出10多間店鋪,**經過不斷的研發創新,單純的魚板演變出許多豐富獨特口味**,像是結合火腿及起司的どさんこ金波、添加大塊蟹肉的かに甲ら,以及加入紅蘿蔔、香菇、葫蘆乾的五目のし等。在工場直賣店不僅可以參觀製作過程,還可以享用新鮮現做的美味魚板,**現買現吃的商品中最推薦パンロール(麵包捲)**,以麵包捲起魚板下鍋油炸,酥脆外皮與飽實魚板的組合打破常規,讓魚板從餐桌料理一躍成為點心。

4 大正硝子 酒器藏

🏠 小樽市堺町3-17　📞 0134-24-2660　🕐 10:00~19:00　💳
www.otaru-glass.jp/store/shukigura

大正硝子在堺町上也有多家分店,其中這一家酒器藏十分特別,**店內販賣的清一色都是精巧的酒器。展示櫃上擺著各式酒器**,盛裝紅酒的高腳杯,用以品嚐日本酒的小巧杯皿,或者是成組的酒壺及酒杯,這些有著優美弧度的酒器**都是當地作家的作品,美感與機能兼具**,若是喜歡品酒,不妨找找有沒有合適的選擇,為生活增添趣味。

5 福廊

🏠 小樽市堺町6-9　📞 0134-21-6001　🕐
9:00~18:00,11~4月~17:30　🌐 www.
facebook.com/otarufukurou/

在堺町通各家賣店之中,福廊的外觀並不起眼,不過店內卻有著多樣商品。**店名取自貓頭鷹的日文「ふくろう」,店內當然也有許多貓頭鷹商品**,從印著趣味圖樣的杯盤,到有著可愛造型的木製湯匙,每一件都可以看到貓頭鷹的身影,各式雜貨之外,還有精緻的木雕藝品,也非常值得一逛。

> 貓頭鷹商品超豐富。

6 VERY VERY STRAWBERRY

🏠 小樽市入船1-2-29　📞 0134-23-0896　🕐 11:30~15:00、18:00~21:00(L.O.20:30),週末及例假日11:30~15:00、17:00~21:00(L.O.20:30)　🚫 12月31日、1月1日　💲 ベリーベリーストロベリー(草莓派)¥2,200(4~5人份)

店主人因熱愛義大利,所以時常到義大利各地四處旅行嘗鮮,並**將感受到的義式風情原汁原味搬回日本**,重現於店內的各式菜色中。來這裡,**幾乎每桌都會點上一片披薩**,現烤上桌的披薩皮薄香脆,與熱呼呼的餡料、起司是最解饞的無敵組合,飯後再來個份量超大的草莓派,甜蜜又帶點微酸的滋味,不只攻佔你的味蕾,更是飽食感十足。

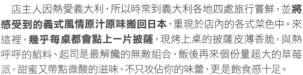

19 南小樽

みなみおたるえき Minami-Otaru Station

稍稍遠離觀光地 悠閒享受港濱風情

> 小樽購物、享用甜食的首選去處就是堺町通，但在南小樽車站徒步範圍內還有許多可看之處，搭配堺町通、小樽運河的景點一起走，路旁盡是歐風色彩的華麗建築，港濱海風360度的洋風景致，叫人驚艷。

ACCESS
電車
JR南小樽駅：函館本線
JR小樽築港駅：函館本線
JR小樽築港駅：函館本線

---

① WING BAY小樽

> 近兩百家店鋪一次逛到滿足。

小編激推

🏠 小樽市築港11　☎0134-21-5000　🕙10:00~20:00，依店鋪而異　🌐www.wingbay-otaru.co.jp

　搭乘JR經過小樽築港車站時，**一定會被石狩灣畔的高大彩虹摩天輪吸引目光，這美麗的摩天輪正是WING BAY小樽的地標。**佔地約34萬平方公尺的複合商業設施內，進駐了約200個店家，雜貨、美食、品牌服飾、書店、美容店鋪一應俱全，購物、飲食、遊樂的需求都可以在這裡獲得滿足。

---

② 田中酒造龜甲蔵

> 品嚐小樽濃醇地酒。

🏠 小樽市信香町2-2　☎0134-21-2390　🕙9:05~17:55(見學9:05~17:30，約10~15分鐘)　🌐tanakashuzo.com

　離小樽市區較遠的田中酒造龜甲蔵，是**擁有超過百年歷史的日本酒蔵**，也是小樽當地的酒蔵之一。充滿古意的倉庫內部相當寬闊，在2樓能參觀到日本酒從原米、發酵到榨酒的製作過程，1樓的店鋪則販售田中酒造所釀造的各種日本酒，並可以免費試飲，其中酒造的名品「宝川」大吟釀，還曾獲得平成22年新酒評鑑會的金賞。

---

③ Pudding un delice

> 還有加上巧克力醬的余市威士忌布丁，大人的口味也很精彩。

小編激推

🏠 小樽市住ノ江1-5-1　☎0134-34-1616　🕙10:00~18:00，開店至商品售完　🏠週三、不定休　💲3種類のチーズプリン(三種起司布丁)¥370、「噂」のプリン大福¥220　🌐undelice.jp

　隱藏南小樽巷內，un delice專賣手作布丁，如果只是手作布丁或許還不夠吸引人，但**店內販賣的全是融入北海道物產的布丁**。道產牛乳加上小樽近郊余市出產的新鮮雞蛋，讓布丁有著濃郁香氣，最讓人心動的「三種起司布丁」使用了道產的卡門貝爾、馬斯卡彭以及奶油起司，融合出口齒留香的滋味，另外還有包裹著香甜布丁的軟嫩大福，每一樣商品的巧思都讓人驚嘆。

地圖標示：
堺町 / 中央埠頭 / 北一威尼斯美術館 / 水天宮 / 北一硝子outlet / メルヘン交差点 / 往小樽駅 / 小樽運河 / 住吉町 / 布丁專賣店 Un délice / hachi / 拉麵 初代 / 新倉屋 總本舖 / 田中酒造 龜甲蔵 / 小樽海港市場(シーポートマーケット) / 築港 / ③ / 双葉中・高校 / Café White / 南小樽駅 / ⑤ / ⑥ / ② / ④ / 拉麵 みかん / 潮見台中 / 潮陵高 / 393 / 17 / 函館本

4 Café White／旧岡川藥局(Re: Okagawa Pharmacy)

⌂小樽市若松1-7-7 ☎0134-64-1086 ◷週二、三、週五、六11:30~21:00(L.O.20:30)、週日及例假日至18:00(L.O.17:30) ⊗週一、四 🌐www.re-okagawapharmacy.info

　這棟建築前身為興建於昭和5年(1930年)的岡川藥局，是小樽昭和初期的代表建物，將歷史建物活化之後，現在則是**結合咖啡、住宿以及租借空間**的設施。店內以純白色裝潢，櫃台與廚房所在的空間是藥劑室，樓梯邊緣還貼著遞增的卡路里數字，到處都是藥局的意象，**除了café white本身，還會由不同單位經營咖啡**，不同時間造訪可以體驗不同風格，非常有趣。

進入店內，就像來到樹林中的小木屋。

5 hachi

⌂小樽市住吉町12-1 ☎0134-27-6408 ◷10:00~18:00(L.O.17:30) ⊗週四 💲咖啡¥470起 🌐sumiyoshi-hachi.jimdo.com

　從童話十字路口往坂道前行，四周街道從喧騰變為沉靜，於轉角佇立的Hachi在這樣的清閒中顯得格外有趣。紅色窗框與深褐、米白交錯的傳統木屋，瞬間讓人有種時空錯亂感，推開木門，室內果然也是一系列的木色，桌椅自然不用說，牆角還堆放著砍好的木頭，就等著為冬日的暖爐增添柴火。**喝著店家自家烘培的咖啡，聽著火爐中劈啪作響的聲音**，寧靜溫暖的氛圍是冬日裡最舒適的體驗。

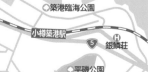

6 拉麵 初代

⌂小樽市住吉町14-8 ☎0134-33-2626 ◷11:00~19:00(休息時間:15:00~16:00) ⊗週二(假日營業) 💲元鹽拉麵¥800、新鹽拉麵¥860 🌐syodai.jp

　初代是**小樽拉麵名店**，店名隱含著「將最初的美味傳承至往後無數代」的意義，元鹽口味正是這最初的滋味，經典口味之外，店家也持續鑽研新口味的拉麵，**新鹽口味就是以鹽味為基底，加上干貝等海鮮熬煮的魚介類湯頭，還加入豬絞肉的肉汁增添濃郁口感**，搭配在地製麵廠所產富有口感的麵條，以及軟嫩的叉燒肉，絕讚的美味讓人一口接一口停不下來。

石狩灣

⌂小樽港マリーナ
⌂石原裕次郎記念館
① Wing Bay小樽
Ⓗ Grand Park Otaru
◷築港臨海公園
小樽築港駅
⑤ 銀鱗荘
◷平磯公園

ニセコ Niseko

新雪谷

新雪谷是北海道的戶外運動聖地，擁有冬夏截然不同的風情。夏天在這裡可以泛舟、釣魚、打高爾夫、探訪山中沼澤，或攀登羊蹄山；冬天，這裡則搖身一變，成為廣大的滑雪場。尤其粉雪堆積的安努普利山，擁有眺望羊蹄山的絕佳視野，是最美麗的滑雪天堂。

ACCESS
電車
JR昆布駅：函館本線
JRニセコ駅：函館本線
JR比羅夫駅：函館本線
JR俱知安駅：函館本線

*由於近郊交通相差甚遠，每個景點的交通方式請參考景點介紹。

優美山形是新雪谷地標。

① 羊蹄山

JR俱知安駅搭乘道南巴士至「羊蹄登山口」站，約11分，1天約7班 ☎0136-42-2111(京極町役場) 自由參觀

因為酷似富士山而別名「蝦夷富士」的羊蹄山，海拔1898公尺，是個圓錐型的死火山。左右對稱的山形十分優美，當靄白雪覆蓋山頭時尤其秀麗。**羊蹄山共有4條登山步道，往返均需7~8小時，其中俱知安路線最為輕鬆，京極線則最受日本人歡迎。**此外，羊蹄山的泉水還入選「日本名水100選」，俱知安車站前就設有飲水池，可供人飲用。

以自家牧場牛奶製成的乳製品香醇又放心，濃醇的滋味讓店家成為新雪谷代表店鋪。

小編激推

② 新雪谷牛奶工房

JRニセコ駅開車約7分 ⌂ニセコ町曽我888-1 ☎0136-44-3734 9:30~18:00(冬季~17:30)
www.niseko-takahashi.jp/milkkobo/

一走進牛奶工房，醇厚的牛乳味撲鼻而來，架上一字排開的優酪乳、布丁、泡芙、蛋糕，全都散發著誘人的香味和色澤，乳品原料全都來自家的高橋牧場，新鮮製作。**夏季人氣商品首推蛋捲冰淇淋，冬季冠軍是一口咬下得小心爆漿的泡芙，優酪乳則不分季節，始終熱賣。**另外，附設餐廳 PRATIVO 自2011年5月開幕以來就大受歡迎，提供主菜加上沙拉無限量供應，牛奶工房的優酪乳也可無限暢飲。

PRATIVO

⌂新雪谷牛奶工房內 ☎0136-55-8852 午餐11:00~15:00、晚餐採預約制 午餐-套餐大人￥1,800起、夏日兒童自助餐6-12歲￥900、3-5歲￥500 www.niseko-takahashi.jp/prativo/

新雪谷牛奶工房的附設餐廳PRATIVO，於2011年開業，寬廣的店內座位為三層階梯式設計，天氣晴朗時，在店內各處都能看到超廣角羊蹄山孤立窗外。午餐採自助式，選擇主餐後，再到一旁的自助吧挑選喜歡的菜色，**食材清一色都是當地蔬菜，每道菜依蔬菜特性調整烹調方式，不添加多餘的調味，保留原有鮮甜，**一旁的蜂蜜蛋糕及優格，入口的濃醇香氣更是讓人回味再三。

3 道の駅Niseko view plaza

🚗JRニセコ駅開車約7分；或從JR
ニセコ駅、JR俱知安駅搭乘新雪
谷巴士「小樽線」，前者約5分、
後者約20分至「ニセコビュープラ
ザ(新雪谷view plaza)」站下車
即達，1天約5班 🏠ニセコ町元町
77-10 📞0136-43-2051 🕐情報
plaza棟(觀光案內所、特產品販
售)9:00~18:00，農產品直賣所4
月下旬~10月8:30~17:00、11~4
月下旬9:00~17:00 🅿104 🌐
www.hokkaido-michinoeki.
jp/michinoeki/949/

道の駅Niseko view plaza不僅
具備休憩及觀光案內的功能，
更集結了約60處新雪谷近郊的
農家產品，每日新鮮摘採的蔬
菜、剛出爐的麵包、新雪谷的
特色工藝品，全都聚集在此，以
平實的價格販售給顧客，所有
產品皆列出生產者的來歷與簡
介，安心安全的物產，讓這裡不
分季節，每天都吸引許多當地
民眾前來購買，對於長期停留
在新雪谷的遊客，這裡更是最
佳的補給站。

這裡就是湯本溫泉的源頭。

一次即可買齊新雪谷的特產與生鮮蔬果。

4 大湯沼

🚗JRニセコ駅前搭乘開往五色溫泉郷的新雪谷巴士，約
42分至「湯本溫泉」站下車徒步10分，¥650。此路線只
於7~10月間的週末及例假日行駛，1日2班 🏠蘭越町
湯の里 🕐自由參觀

大湯沼原為間歇泉，會定時噴出數公尺的熱湯，
現在則因沼底噴氣瓦斯(攝氏120度)的加熱效果，成
為各大溫泉旅館的溫泉水。繞行湖沼一圈，除可聞
到陣陣的硫磺味外，並可看到隨時在冒煙發泡的溫
泉源頭；湖面上一顆顆浮游黃色球狀的硫磺特別顯
眼，**旁邊還有一處足湯，讓你坐在木椅上泡腳**。

5 神仙沼

🚗JRニセコ駅前搭乘開往五色溫泉郷的新雪谷巴士，約55分
至「神仙沼レストハウス」站下車徒步15分，¥940。此路線只
於約7~10月間的週末及例假日行駛，1日2班 🏠共和町前田 📞
0135-73-2011(共和町役場商工觀光係) 🕐6月上旬~10月下
旬，冬季因積雪封鎖

神仙沼是新雪谷湖沼中最為美麗的一座湖沼，**靜寂湖面
自然散發出特殊的青色光澤，就像仙境一般**，尤其在紅葉時分，遺世般
的絕景更是醉人。沿著規劃良好的木棧道可以穿越森林和濕原，抵達神
仙沼畔，沿途的高山植物和湖泊風景令人心曠神怡。

花上一個多小時
繞行神仙沼一
周，恣意欣賞誘
人山水秋彩。

小編激推

❶ RAM工房「Gallery鐵」

🚃JRニセコ駅徒歩約15分 🏠虻田郡ニセコ町曽我6-1 ☎0136-44-1331 🕐4月下旬~10月10:00~17:00；冬期事先聯絡後也可參觀 🌐ja-jp.facebook.com/nisekoram

這處由藝術家澤田正文所開設的藝廊「Gallery鐵」，作品主題大多環繞在自然與動物身上，不單純只看實用，為了做出讓室內增添風趣的家具，澤田先生開始運用鐵與木材打造藝術品，**這一冷一溫、一剛一柔的素材組合，堅固及實用中帶著趣味**，而特殊造型及生動姿態，更添韻味與新鮮感。

木材與鐵的藝術結合。

❷ 北海道ニセコ 風の谷キャンプ場

🚃JRニセコ駅開車約10分 🏠虻田郡ニセコ町字曽我355-2 ☎080-6077-5978 🕐9:00~17:00 休週四 🌐www.kazenotanicamp.com ❗各式體驗活動為預約制

不論是室內還是戶外，體驗活動都非常豐富。

小編激推

Saison Club是**多功能的複合型遊樂處**，結合餐飲與各式活動體驗，咖啡廳M's cafe提供的料理及甜點，全是採用北海道產的當令有機食材製作，可以嘗到最鮮美的季節食物；而這裡的**體驗十分多元**，不但有室內的銀飾、冰淇淋、果醬等的手作體驗，還可以到戶外騎馬、泛舟、溪釣、乘坐熱氣球，有趣的活動內容適合三五好友或者全家大小一起同樂。

❸ Niseko Annupuri

🚃JRニセコ駅前搭乗開往昆布温泉的新雪谷巴士[ニセコ線]，至「アンヌプリスキー場(Niseko Annupuri滑雪場)」站下車，約10分；冬季可搭乗ニセコ周遊巴士(大人¥500)或United Shuttle bus 🏠ニセコ町字ニセコ485 ☎0136-58-2080 🕐雪季約為12月~4月初 💰分成非旺季及旺季票價，lift一日券國中生以上¥4,900或¥6,700，新雪谷全山lift共通一日券國中生以上¥6,300或¥8,700；夏季纜車來回¥1,500，小¥750，夏季纜車來回大人¥1500，小孩¥750 🌐annupuri.info

Niseko Annupuri(新雪谷安努普利)的國際滑雪場共有13條滑道，山腰中段以下滑行面積寬廣平緩，可供初學者練習，上段則有優美的林間滑道。雖然雪場無法直接互通，但**Niseko Annupuri和Grand HIRAFU間有巴士來回運行，如果有全山共通券的話可以免費搭乗**。另外，Niseko Annupuri的纜車夏季也有部分時間營運，從山頂纜車站再花1小時就能登上安努普利山山頂。

> 初心者也能玩得開心。

⑤ Niseko HANAZONO Resort 新雪谷花園滑雪場

🚗JR俱知安駅開車10分；冬季可搭乘往返於Niseko Annupuri和Grand HIRAFU之間的巴士，若持有當天有效的全山lift共通券則免費 🏠俱知安町字岩尾別328-1 ☎0136-21-6688 ⏰雪季約為12月~4月初 💰Lift一日券價格依時間有所波動，大人約¥4700~7800，國中生(13~15歲)及65歲以上¥3800~6200，小孩(4~12歲)¥2800~4700，新雪谷全山lift共通一日券國中生以上¥6,300或¥8,700 🌐hanazononiseko.com/ja/winter

　　位於安努普利山山麓的HANAZONO Resort是個綜合型的滑雪樂園，擁有初級到高級的滑雪道，**可以一邊欣賞眼前羊蹄山的壯麗風景，一邊享受世界頂級粉雪的美妙之處，**滑道也與最大的滑雪場Grand HIRAFU相連。滑雪之外，也有雪上甜甜圈、雪上泛舟和雪中散步等各種雪上活動，初次滑雪的朋友，則可以參加針對小朋友或初次滑雪者設計的專屬課程。

④ NISEKO MOIWA SKI RESORT

🚗JR ニセコ駅開車約20分 🏠ニセコ町字ニセコ448 ☎0136-59-2511 ⏰約12月上旬~4月上旬8:30~16:00 💰雪場一日券成人¥4,500、銀髮族¥4,000、高中大學生¥3,500、國中小學生¥700 🌐www.niseko-moiwa.jp

　　冬天，新雪谷的滑雪場內聚集了世界各地的滑雪高手，如果不想滑雪的時候人擠人，推薦可以來**MOIWA，這裡不與安努普利山的三處滑雪場相連，**雖自己一處孤立在外，但此處的**平緩雪道，以及魅力十足的鳥瞰視野，**天氣晴朗時還可遠眺羊蹄山，依舊吸引許多人前來。如果住在附近的ONE NISEKO，還可以從林間雪道滑回飯店。

> 天然地勢造就的特殊線路充滿新鮮感。

⑥ Grand HIRAFU

🚌從JR俱知安駅搭乘往「ひらふスキー場(第一駐車場)」的巴士，道南巴士及新雪谷巴士¥400、7~8月間的「くっちゃんナイト号(kutchan night號)」免費；冬季可從新千歲機場、札幌搭乘直行巴士(預約制) 🏠俱知安町字山田204 ☎0136-22-0109 ⏰雪季約為12月~4月初 💰分成非旺季及旺季票價，lift一日券國中生以上¥4,400或¥6,200，全山lift共通一日券¥6,300或¥8,700 🌐www.grand-hirafu.jp

　　Grand HIRAFU擁有**新雪谷三大滑雪場中規模最大、滑道數最多的滑雪場，**最長的滑道可達5.6公里。即使是初級滑道也有相當的滑走距離，還有陡坡或滑雪跳台提供非初學者不同的選擇，且由於滑雪場位在安努普利山東面，面對著羊蹄山，天氣好時風景秀麗絕倫。滑雪場下方就是滑雪小屋、民宿和餐廳集中的地區，不論住宿飲食都有不少選擇，更有最適合消除疲勞的雪地溫泉可享受。

❶ KAMIMURA

🚗JR比羅夫駅開車約12分 📍虻田郡倶知安町山田190－4(四季ニセコ1F) ☎0136-21-2288 🕐7~10月上旬週五~日12:00~13:30(L.O.)、週四~六18:00~20:00(L.O.)；12月~3月上旬週一~六晚餐18:00~20:30(L.O.) 💲午餐套餐¥5,500、晚餐套餐¥22,000 🌐www.kamimura-niseko.com

　　KAMIMURA主廚上村雄一曾在雪梨鼎鼎有名的餐廳「Tetsuya's」工作五年，回到北海道後，在2007年於Niseko開設KAMIMURA。他擅長利用北海道特產的食材創作出精美細膩的料理，因此KAMIMURA是**沒有菜單**的，**料理全憑當日食材自由創作**，調理方式接近法式，但展現出更多主廚巧妙的拿捏與創意。

> 米其林一星主廚料理。

❷ B.C.C. WHITE ROCK

🚗JR倶知安駅開車約8分 📍倶知安町字岩尾別53-13 ☎0136-22-5117 🕐11:30~13:30 🈺週日、一 💲披薩¥1,200起 🌐www.bccwhiterock.com

　　在新雪谷當地人氣超高的B.C.C. WHITE ROCK麵包坊，店內新鮮出爐的麵包一排排置於櫃上，金黃色澤與滿室麵包香讓人垂涎欲滴，**建議一大早就來選購，因為這些麵包實在太搶手，常常不到中午銷售一空**。如果前來造訪時麵包已經售罄的話，也千萬不要感到氣餒，這裡販售的義大利麵與三明治口感絕佳、份量飽足，同樣不會讓饕客們失望。

❸ そば処 楽一

🚗JRニセコ駅開車約13分 📍ニセコ町ニセコ431 ☎0136-58-3170 🕐採完全預約 💲蕎麥麵懷食¥16,940起 🌐www.rakuichisoba.com

　　從京都移居而來的店長夫婦，兩人同心經營這間蕎麥麵店，為了保存蕎麥的香氣，店主每日早上依照當天的用量以石臼細心研磨蕎麥粉，當天**客人點餐後再開始揉麵糰、桿麵、切割麵條**，從座位能將這過程一覽無遺，新鮮現做的美味蕎麥麵，入口後散發淡淡香氣，彈牙的口感無論什麼吃法都同樣令人驚艷。

> 現點現做的蕎麥麵有著最新鮮的蕎麥香氣，讓人回味再三。

> 小編激推

❹ ONE NISEKO

🚗JRニセコ駅搭乘飯店免費接送巴士，約15分(預約制) 📍ニセコ町字ニセコ455-3 ☎0136-50-2111 💲附早餐方案，兩人一室每人約¥9,350起 🌐oneniseko.com

　　ONE NISEKO**由國際知名的日本建築師隈研吾親手設計打造**，特色獨具的延伸屋簷，特意不將木材的樹皮削去，為的就是承襲愛努族對自然的敬仰，充分利用自然恩賜的一切事物，充滿生氣與設計感的飯店與周圍的自然景致十分協調。內部共有105間客房，以及酒吧、餐廳、溫泉等休閒設施，**全部的房間都設有陽台與廚房**，開放感十足。

> 可以自己動手做料理，非常適合家人或好友一起度過假期。

> 小編激推

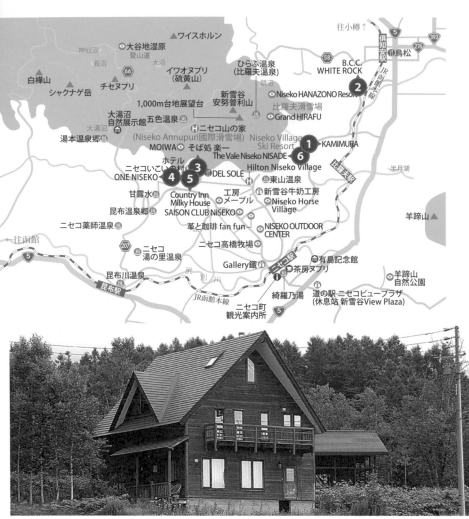

⑤ Country Inn Milky House

🚌JRニセコ駅前搭乘開往昆布溫泉方向的巴士，約25分至「ニセコアンヌプリスキー場(Niseko Annupuri滑雪場)」站下車徒步3分(行駛期間為7月下旬～10月下旬，大多只於週末及例假日營運)。或可事先預約，請飯店人員免費至JRニセコ駅接送 🏠ニセコ町字ニセコ482-1(馬鈴薯共和國) ☎0136-58-2200 💲一泊二食，每人￥12,500起 🌐www.niseko-milky.com

鵝黃色的小木屋透露出安祥溫馨的氛圍，Milky House就是這麼一間讓人由衷感到溫暖的民宿。主人西尾先生講得一口流利的英語，料理手腕更是一級棒，來自當地鮮採的豐盛美食總叫人胃口大開。Milky House並提供住客各種體驗活動，像是牧場之旅、製作冰淇淋、溫泉之旅等。

⑥ The Vale Niseko NISADE

🚗JR俱知安駅開車約10分 🏠俱知安町山田166-9 ☎0136-21-5811 💲純住宿，1房約￥30,000起 🌐nisekoalpineaccommodation.com

新雪谷很流行「公寓式酒店」的居遊模式，The Vale Niseko就是其一。比起一般飯店，The Vale Niseko每一間房內都有簡易小廚房、洗衣機等設施，儼然是度假時另一個小小的家。位在6樓的頂樓套房共有三個小房間，最多可入住8人，**環繞屋內的大片落地窗足以俯瞰城鎮，戶外大面積的露台正面對著優美的羊蹄山**，冬天時飯店也與Grand HIRAFU的lift直接相連，可以享受ski in/ski out的快感。

㉑ 洞爺湖

とうやこ Toyako

澄淨湖水波光激灩 泡溫泉看火山噴煙

ACCESS

電車
JR洞爺駅：室蘭本線

巴士
◎道南巴士「洞爺駅～西山遊步道～洞爺湖溫泉」路線
搭乘JR至洞爺駅後，需在車站前轉乘道南巴士至「洞爺湖溫泉」站，約20分、¥340，一天約8班。

*由於近郊交通相差甚遠，每個景點的交通方式請參考景點介紹。

> 洞爺湖幾乎為正圓形，是典型的火口湖，面積居日本第9位，平靜無波的水面湛藍清澈並且不會結冰，是道內為數不多的不凍湖之一。洞爺湖最熱鬧的地區在南岸的溫泉區，而除了沿著湖畔散步、開車環湖兜風外，還可以搭乘城堡造型的湖上遊覽船，近距離欣賞洞爺湖的美。

> 煙火大會期間，每天晚上都有觀賞船可遊湖賞煙火。

> 洞爺湖為終年不凍湖，因此一年四季皆可乘船在湖上遊覽。

❶ 洞爺湖遊覽船

🚌巴士「洞爺湖溫泉」站徒步約5分
🏠虻田郡洞爺湖町洞爺湖溫泉29
0142-75-2137 ⏰中島觀光遊覽船4月下旬~10月底8:30~16:30，每30分一班；11月~4月初9:00~16:00，每小時一班；煙火觀賞船：營業期間20:30出發 ❌煙火觀賞船為4月下旬~10月末，20:35~21:20，煙火時間確認www.laketoya.com/ 💰中島觀光遊覽船：大人¥1,500、小學生¥750 🌐www.toyakokisen.com（網站可印9折券）

小編激推

エスポアール号是日本全國最大的遊覽船，**船體以中世紀城堡為藍本，可容納300多人，遠看就像一座浮在水上的移動城堡**，非常夢幻。船程約30到50分鐘，旅客可以遠眺環繞洞爺湖的昭和新山、有珠山和羊蹄山，盡享湖光山色。夏季期間還可上到湖中央的大島稍作停留(湖中4座島嶼——大島、觀音島、弁天島及饅頭島合稱中島)，參觀洞爺湖森林博物館，近距離欣賞島上的自然生態。

❷ 洞爺湖環湖雕刻公園

🚌巴士「洞爺湖溫泉」站徒步約5分 🏠虻田郡洞爺湖町洞爺湖畔 ☀自由參觀

雕刻公園環繞綠草如茵的洞爺湖闢建，全長約40公里。**58座以「生之讚歌」為主題的大型雕刻作品分散公園四周，與湖畔風光相映成趣**，而每個作品在不同觀看角度、天候及日光照射下，還會散發出不同的韻味。遊客可租輛腳踏車代步，來趟藝術與自然的散步之旅。

3 西山火口散策路

🚌巴士「洞爺湖温泉」站搭乘道南巴士，約5分至「西山遊步道」站下車即達，車資￥160；或從「JR洞爺駅」搭乘巴士約15分 🏠虻田郡洞爺湖町洞爺湖温泉 ☎0142-75-4400(洞爺湖町役場観光振興課) 🕐4月下旬~11月上旬7:00~18:00，冬季封閉 💲免費

　　西山噴火口是洞爺湖畔最新的火山噴火口，在2000年3月時突然噴發，造成地層隆起和民宅下陷等各種災害。現在，從洞爺湖一側的火山科學館開始，可以經過金比羅與西山散策路抵達西山噴火口散策路，**親眼見見白煙滾滾、充滿臨場感的火山口**。在沿路的步道上，還可以見到2000年的時候，火山爆發時留下的斷垣殘壁和扭曲奇詭的地形。

近距離感受火山威力。

4 昭和新山

🚌巴士「洞爺湖温泉」站搭乘往昭和新山的道南巴士，約15分至終點「昭和新山」站下車徒步即達(冬季停駛)，車資￥350 🏠有珠郡壯瞥町昭和新山 🕐自由參觀

日本最年輕的火山之一。

　　昭和新山是在昭和18年(1943年)12月28日至昭和20年(1945年)9月之間漸次隆起而形成的，剛開始是頻繁的地震，造成當地原址所在的麥田與松林微凸成了小台地；昭和19年6月23日，火山終於噴發，由於溶岩的堆積，台地增高為300公尺。到了昭和20年，地震終於慢慢平息，並取名為昭和新山。**昭和新山山形近似金字塔，茶褐色的外觀也非常醒目，但由於目前仍不斷冒煙，嚴禁靠近，只能從遠處遙望欣賞。**

5 有珠山

🚌巴士「洞爺湖温泉」站搭乘往昭和新山的道南巴士，約15分至終點「昭和新山」站下車徒步即達(冬季停駛)，車資￥340 🏠有珠郡壯瞥町字昭和新山184-5 ☎0142-75-2401 🕐纜車約8:15~17:55(依季節變動)，約15分一班，單程約6分鐘 💲纜車往返大人￥1,800、小孩(小學生)￥900 🌐usuzan.hokkaido.jp/ja/ (有珠山纜車)

　　位於昭和新山正對面的有珠山，在近100年間就曾噴發過4次，最近的一次則是在2000年。搭乘纜車到山頂展望台，雖不免因活躍的火山活動感到緊張，不過，四周的景色很快就會讓你忘記害怕，**從有珠山頂可眺望洞爺湖與昭和新山**，再往山頂走去，四周荒煙蔓草，山壁還不斷吐煙出來，會讓人有深入險境的奇特感受。

① Lake-Hill Farm

🚗 洞爺湖溫泉街開車約15分 🏠
虻田郡洞爺湖町花和127 ☎
0120-83-3376 🕐9:00~18:00、
10～4月下旬至17:00 💲免費入
園 🌐www.lake-hill.com

位於洞爺湖一側的洞爺湖Lake-
Hill Farm是歷史悠久的乳牛牧場，
**在花田和遠山環繞的牧場中，可以
品嘗20多種口味的新鮮義式冰淇淋**，也
能和草地上放牧的乳牛、迷你馬和山羊
等可愛動物有近距離的接觸。另外提供
奶油和冰淇淋製作等牧場體驗(須預約)。

> 趣味的牧場生活
> 體驗充滿魅力。

> 除了一般的玻璃
> 工藝體驗，不需
> 用火的玻璃雕刻
> 體驗也很受小朋
> 友歡迎。

**小編
激推**

② gla_gla

🚌 巴士「月浦」站徒步約10分 🏠虻田郡洞爺
湖町月浦44-517 ☎0142-75-3262 ✆採預
約制 🌐glagla.jp

位於月浦的glass café gla_gla是玻
璃工藝家高臣大介開的工坊，事
前預約就能在此**購買精緻商
品和眺望洞爺湖**，享受一下
午的悠閒時光。是喫茶店也
是展示空間的小屋子擺滿了
玻璃工藝品，各種大小形狀
的透明玻璃燈吊掛著，好似水
底的澄澈泡泡。

③ アロマ・リフレクソロジーサロンtetote

🚌 巴士「月浦」站徒步約10分 🏠 虻田郡洞爺湖町月浦44-517 ☎
0142-73-3171 🕙 10:00~18:00(冬季~17:00),週四採完全預約制
📅 1月1日,其他不定休 💲 リフレクソロジー (腳部精油芳香療程)半小
時¥3,850 🌐 www.tetote733171.com

舒服的Spa過後,
還可以在店裡喝杯
咖啡或花草茶。

　　tetote沙龍的老闆和老闆娘深愛洞爺湖月浦的四季之美,在山
林中開了這間芳療沙龍,邀請旅客前來放鬆並享受大自然裡的
慢活時光。**芳香療程中使用的按摩精油皆由無農藥植物提煉而
成,療程強調以天然的方式提昇身心的治癒力與免疫力**。特別
的是,tetote還提供了無臭的小魚腳浴服務,將雙腳泡入水中,視
角質為美食的小魚即悠遊其中,在微癢的新奇體驗後,肌膚也變
得光滑亮麗。

キムンドの滝🏠

主廚在台前精心
料理的模樣,以及
「放火」表演,更
是視覺的享受。

④ The Windsor Hotel TOYA

🚌 從JR洞爺湖駅搭乘飯店的免費接駁巴士(預約制),約40分 🏠 虻田郡洞爺
湖町清水336 ☎ 0142-73-1111 💲 附早餐方案,雙人房每人約¥34,800
起 🌐 www.windsor-hotels.co.jp

　　The Windsor Hotel TOYA(洞爺溫莎飯店)提供旅客最高規格的度假
環境,**洗鍊奢華的高級感縈繞館內每個角落,幾近360度的湖光山
色,毫無阻礙呈現住客眼前**。客房分成和室房以及附按摩浴缸的套
房等10餘種,其中還包含美國總統小布希在G8高峰會期間所住過的
G8高峰會套房。以白色與米色為基調的客房,房內所有物品和擺設
都是精心講究的高級品,每一間也都享有獨一無二的洞爺湖與內浦
灣美景。

WINSOR OUT OF AFRICA

🏠 The Windsor Hotel TOYA 11F ☎ 0570-056-510 🕙 午餐
12:00~14:30、晚餐 17:30~20:30(完全採預約制,至少2人) 💲 北海道
帆立貝、先於和黑毛和牛套餐¥30,250 🌐 www.windsor-hotels.
co.jp/ja/restaurant/africa/

　　獲得米其林一星肯定的WINSOR OUT OF AFRICA為鐵板燒料理
店,不僅選用北海道新鮮的豐富海產,也從全國各地嚴選各式特選
素材,**就連雞尾酒、葡萄酒的品質也十分講究,為的就是讓顧客
得到最尊寵的味蕾享受**。依照季節的變化,店內的食材也會更替
為時令鮮美物產,經過鐵板高溫燒烤,蔬菜、海鮮、肉品的多汁鮮
甜全都被封存起來,盛盤後,每道料理再淋上最適合其食材屬性、
也能提出其風味的醬料,美味更上一層。因位在The Windsor
Hotel TOYA的11樓,天氣晴朗時,以遼闊洞爺湖美景佐店內美食更
是人生奢華體驗。

洞爺湖的溫泉泉質溫和、湯色透明，最吸引人的地方是可以在露天風呂裡坐享開闊的洞爺湖景，是北海道很受歡迎的溫泉地。環湖一共有6處溫泉，其中以南面的洞爺湖溫泉最為熱鬧，知名豪華的溫泉飯店、熱鬧的溫泉商店街集中於此，街上還有免費的手湯或足湯可以泡。

22 洞爺湖溫泉

とうやこおんせん Toyako Onsen

温泉街心悠遊閒晃 嚐美食泡名湯賞煙火

ACCESS

電車
JR洞爺駅：室蘭本線(需轉搭道南巴士或計程車才可到洞爺湖溫泉街)

巴士
◎道南巴士「洞爺駅～西山遊步道～洞爺湖溫泉」路線
搭乘JR至洞爺駅後，需在車站前轉乘道南巴士至「洞爺湖溫泉」站，約20分、¥340，一天約8班。

全面了解洞爺湖相關知識。

1 洞爺湖ビジターセンター・火山科学館

📍虻田郡洞爺湖町洞爺湖溫泉142-5　☎0142-75-2555　🕐9:00~17:00　⊗12月31日~1月3日　💲遊客中心免費參觀；火山科學館大人¥600、小孩¥300　🌐www.toyako-vc.jp

　想要**快速一探洞爺湖的自然生態**，到洞爺湖ビジターセンター・火山科学館準沒錯！挑高的1樓大廳分區展示了洞爺湖的環境、有珠山的自然史和周邊動植物的生態，中心地板則是巨幅的洞爺湖鳥瞰圖，情境互動的展示方式讓大人小孩皆能在樂趣中了解這塊土地。爬上2樓，環繞的走道也有其他圖片展示。同樣位於館內的火山科學館，則以有珠山於1977年及2000年的兩次噴發事件為主題，透過影像、文字呈現當時居民的受災狀況、災後影響和環境變化，參觀者還能透過模擬體感裝置，親身體會火山爆發時引發的地震與強光，相當震撼。

2 洞龍の湯

📍虻田郡洞爺湖町洞爺湖溫泉　🕐24小時自由使用　💲免費

　在洞爺湖溫泉街及各旅館前，共有**12處的手湯及2處的足湯**，其中位於遊覽船乘船處附近的足湯「洞龍の湯」，是當中最具人氣的一個。全年皆可使用的洞龍の湯，一邊眺望洞爺湖湖景，還可一邊泡在42度的足湯內，踩著底部的石子腳底按摩。

3 わかさいも本舗 洞爺湖本店

📍虻田郡洞爺湖町洞爺湖溫泉144　☎0142-75-4111　🕐9:00~18:00　💲わかさいも6入¥860、仙堂庵11:00~19:00(L.O.18:00)　🌐www.wakasaimo.com

看似不起眼的招牌商品可是洞爺湖著名土產，千萬別錯過了。

　創業於1930年的わかさいも以洞爺湖為據點，現在分店已拓展到道央各地，可以說是洞爺湖的名產之一。位於洞爺湖畔的本店內，1樓賣著自家的熱銷商品，其中的**招牌甜點「わかさいも」**，無論外型或口感都幾乎與烤地瓜如出一轍，**雖取名為いも(日文的地瓜)卻完全沒使用地瓜**，以大福豆為主原料的內餡磨得細緻，口味香甜綿密，適合與茶品一同享用。

小編激推

❹ 洞爺湖万世閣

📍 虻田郡洞爺湖町洞爺湖温泉21　☎ 0142-73-3500
💰 一泊二食，每人約¥11,100起　🌐 www.toyaman
seikaku.jp

　洞爺湖万世閣為**溫泉區中離湖最近的飯店**，旅客**從大廳、餐廳，甚至客房內都可欣賞洞爺湖的優美景致**，2008年重新裝修了中央館的客房，使得觀湖視野更加開闊。洞爺湖万世閣內分別有男性及女性的大、中浴場及露天風呂，位於頂樓的「星の湯」大浴場外即為檜木打造的細緻露天風呂，白天能欣賞洞爺湖景色，晚上則是仰望萬丈星空的絕佳場所；而「月の湯」露天風呂，由不規則大塊岩石堆砌而成，粗獷感覺與星の湯恰成對比，不過溫泉同樣為溫和的食鹽泉，洗來肌膚格外柔嫩。這裡的早餐和晚餐在挑高天井的「Stella Maris」用餐，自助式的餐點中除了北國特有的山珍海味外，還會無限量供應新鮮海產各式甜點，令人回味再三。

洞爺湖花火大會

　全日本施放期間最長的洞爺湖花火大會是洞爺湖的一大賣點，每年從4月下旬一直持續到10月底，每天約有450發的煙火由船隻在湖中邊航行邊施放，在洞爺湖溫泉街上的飯店都能觀賞到這繽紛亮麗的花火。此外，約7月底至8月中旬還會舉行洞爺湖溫泉夏祭，19:30在煙火觀賞船乘船處前的廣場會有當地民眾跳著盂蘭盆舞(盆踊り)，一般遊客也可以加入他們一起共舞唷！
🚌 巴士「洞爺湖溫泉」站徒步約5分
📍 虻田郡洞爺湖溫泉湖畔　📅 4月28日~10月31日，每日20:45開始，約20分

① Select 108

⌂ 虻田郡洞爺湖町洞爺湖温泉29-1
☏ 0142-75-2600　⏱ 7:00~22:00　Ⓢ
噴火ショコラ(噴火巧克力蛋糕)￥420
🌐 www.nonokaze-resort.com/guide

Select108販售眾多高質感的土產、紀念品，自家農園生產的安心加工食品很具人氣。店內一角另設有烘培坊Café「Gateau de Bonheur」，半開放式廚房可以看見甜點師傅做著點心。原創甜點如水果塔、蛋糕捲都很受歡迎，頗受好評的蛋糕中最推薦噴火巧克力，糕點師用巧克力布朗尼代表火山岩石、鮮奶油代表火山口冒出的白煙，做出呼應有珠山意象的特色商品。

> 這間店其實是飯店的賣店，但有著獨立出入口歡迎旅客入內逛逛。

② 望羊蹄

小編激推

⌂ 虻田郡洞爺湖町洞爺湖温泉36-12　☏ 0142-75-2311　⏱ 11:00~16:00(L.O. 14:45)、17:00~20:30(L.O. 19:45)　Ⓗ 不定休　Ⓢ ハンバーグステーキ(漢堡排)￥1,550　🌐 www.boyotei.com

從昭和21年(1964年)營業至今的望羊蹄，就位在溫泉街的中心位置。早期能從店裡隔著洞爺湖遙望羊蹄山，因此取了這個極富詩意的名字。**使用北海道產食材作成的家庭料理，尤其是漢堡排套餐，深受當地居民與遊客的好評。**此外也很推薦自家特製的烤起司蛋糕，紮實偏酸的重乳酪散發濃濃蛋黃味，品嘗過後在口中留下微微奶香，令人回味無窮。

> 店內桌椅皆是老闆當初親自砍後山的白樺樹製成，即使歷經修建還是盡可能保留下來，因此店內流露著濃濃的懷舊氣息。

[地圖標示]
洞爺山水ホテル和風
⑥ 洞爺湖越後屋
龍汰呼
Holiday Market Toya
往 西山火口散策路
小有珠川　西山川　◉ 金比羅火口散策路
薬壺の手湯
⑤ 豊來軒
④ 松前屋　柴田屋
② 望羊蹄
そば蔵
道南バスターミナル(道南巴士總站)
◉ 洞爺湖ビジターセンター・火山科学館
長寿の手湯
① 洞爺観光ホテル
③ 岡田屋
◉ カフェレストラン サミット
◉ わかさいも本舗
洞爺湖万世閣
乃の風リゾート
洞龍の湯
Ⓗ ホテルグランドトーヤ
北海ホテル
select 108
花火艦賞船乗場
月浦ワイン直営店
◉ 遊覧船乗場
洞爺湖　　　　　洞爺湖

③ 岡田屋

> Q彈香甜的白豆湯是傳承多年的好滋味。

小編激推

⌂ 虻田郡洞爺湖町洞爺湖温泉36　☏ 0142-75-2608　⏱ 10:00~16:00　Ⓗ 不定休
Ⓢ ほたてカレー(扇貝咖哩)￥1,000、白いおしるこ(白豆湯)￥350　🌐 okadaya-toya.com

創業已超過60年的岡田屋，就位在洞爺湖溫泉街的中心區域。**店內招牌為白豆湯，以洞爺湖產的大福豆為基底，加上新鮮的牛奶及彈牙的湯圓，**香濃卻不甜膩的口味，不但讓各大媒體競相採訪報導，更成為到洞爺湖必吃的甜點。除了招牌的白豆湯外，使用內浦灣(噴火灣)捕獲的扇貝所製作而成的咖哩，大塊扇貝與濃郁咖哩香十分搭調，也是店內推薦的美味。

5 龍汰呼

⌂ 虻田郡洞爺湖町洞爺湖温泉91-39 ☎0142-75-1520 ▾
11:00~14:00、18:00~約24:00(客人都離開後才打烊) ㊡
週日 🆂章魚燒¥600

　　龍汰呼的**招牌下酒菜是燒烤料理以及烤得香軟的大顆章魚燒,皆是現點現做**。老闆夫婦親切招呼著,同時燒烤的香味四溢,令人食指大動。六大顆章魚燒淋上特製醬汁與微酸美乃滋,濕軟內餡入口即化,留下越嚼越香的章魚丁,份量十足,適合朋友們一同享用。

> 清燙野菜保留了食材的甘甜原味,清爽滋味去油解膩正好。

> 看似不起眼的招牌商品可是洞爺湖著名土產,千萬別錯過了。

4 豊来軒

小編激推

⌂ 虻田郡洞爺湖町洞爺湖温泉59-2 ☎0142-75-1066 ▾
11:30~14:30、18:00~23:00 ㊡不定休 🆂有珠山噴火ラーメン(有珠山噴火拉麵)¥995 🌐www9.plala.or.jp/houraiken_toya/

　　到豊来軒一定要嘗嘗**最有名的有珠山噴火拉麵**,老闆**結合了韓式泡菜與日式拉麵**研究出這獨特的一品,取名概念則來自有珠火山2000年的噴發。微辣的湯頭和泡菜的爽脆食感,搭配富有彈性的麵條,讓人一口接一口。而每碗拉麵的靈魂湯頭,則是用精選的豬骨熬煮10個多小時而成,湯汁澄澈,口味鮮甜而不膩。

6 越後屋

⌂ 虻田郡洞爺湖町洞爺湖温泉71 ☎
0142-75-2158 ▾10:00~19:00、週四
~週日、假日 9:00~19:00 🆂洞爺湖木刀ストラップ(洞爺湖木刀手機吊飾)¥
832 🌐www.toyako-bokutou.com

　　走進越後屋,寬敞的**店裡販售各式各樣的紀念品與土產,其中最特別也最受歡迎的莫過於洞爺湖木刀**了。動漫迷們一定知道,洞爺湖木刀是因為漫畫《銀魂》而聲名大噪。在越後屋,除了可以找到木刀和相關商品,現場還有木雕師傅提供在木刀上刻字的服務。此外,銀魂的漫畫書和相關商品也可在此買到,作為擺飾的漫畫主角阿銀的機車,更是讓造訪的動漫迷們興奮不已。

登別
のぼりべつ Noboribetsu

9種溫泉泡個過癮 周遊地獄與熊共舞

很難想像一個地方就能擁有9種不同的泉質，但登別就是這麼一個不可思議、實實在在的溫泉天堂。在這裡，不妨學日本人的泡湯習慣：入住時第一泡、睡前第二泡、離開前的早上第三泡，中間空檔的時間就去地獄谷、溫泉街散散步，吃吃溫泉料理，徹底享受溫泉鄉的美好吧！

ACCESS
電車
JR登別駅：室蘭本線
巴士
由JR登別駅前搭道南巴士「足湯入口・登別駅前～登別溫泉路線」，至「登別時代村」、「登別溫泉」、「足湯入口」等站下車，約20分，單程￥350，大部分班車 車只開到「登別溫泉」站，不停靠「足湯入口」等站。登別溫泉街可徒步遊覽。

① 閻魔堂

小編激推

閻王的變臉秀讓人害怕又有趣，是當地的特色演出。

⌂ 登別市登別溫泉町 ☎ 0143-84-3311(登別觀光協會) ⊙ 9:00~22:00，地獄的審判10:00、13:00、15:00、17:00、20:00(5~10月21:00也有一場) ⑤ 免費

走在極樂通溫泉街上很難不注意到坐在閻魔堂裡6公尺高的閻王，祂是在1993年，**為了紀念登別地獄祭30週年而建造的**。平時閻王被安置在閻魔堂中，**一天會有六次的機關變臉表演(冬季為五次)**，稱為「地獄的審判」。時間一到，即見閻魔王原本平和的臉變成了紅色的憤怒相，雙眼發光、張口怒吼，懾人模樣有時連小孩也會被嚇哭。

地獄祭時閻王還會駕花車出堂，與赤鬼、青鬼上街巡遊。

天然足湯 ④

◎ 大湯沼

◎ 大正地獄

🅷 望楼NOGUCHI登別

🅷 足湯入口

🅷 登別石水亭

🅷 足湯入口(石水亭前)

◎ 舟見山

登別パークサービスセンター(登別公園服務中心) ①

🅷 御やど清水屋

🅷 パークホテル前

🅷 パークホテル雅亭

🅷 旅亭花ゆら

🄏 湯澤神社

🄏 鬼祠

🄏 恩泉寺

泉源公園 ③

🅷 第一滝本館

第一滝本前 🅷 大黑屋Plaza

蝦夷民具こまつ 🍴

たらこ家虎杖浜 🍴 ● ⑥ 溫泉市場

登別溫泉鄉滝乃家 🅷 登鬼屋 🍴 ● ① 閻魔堂

🍴 玉川本店 ベア観光

わかさいも本舗 登別溫泉店 🍴 藤崎わさび園 杉養蜂園 登別店

🍴 貴泉堂

ホテルまほろば 🅷 🍴 うさぎや

滝乃家別館玉乃湯 🅷

梅木みやげ店
登別観光案内所 ① 🍴 そば処 福庵

祝いの宿登別ダランドホテル 🅷 大黑屋民芸店

🍴 ふくや

🍴 ゆもと登別

🅷 万世閣

道南バス登別溫泉ターミナル(巴士總站)

● 登別溫泉ふれあいセンター遊鬼

↓ 往 ◎ 登別伊達時代村

② 奧之湯

🏠登別市登別溫泉町　☎0143-84-3311(登別觀光協會)　⏱自由參觀

　　在大湯沼旁還有一處較小的溫泉，這裡是奧之湯，顧名思義就是登別溫泉最裡的一處泉池。奧之湯規模雖然不比大湯沼，但直徑也有30公尺，**泉水表面溫度就高達75~85度，底層溫度甚至高達130度，原來奧之湯是日和山噴發後的火山遺跡**，泉水底部持續噴出灰黑色的硫磺泉，使得泉水終日滾滾，遊客可以近距離觀察沸騰般的泉池。

② 奧之湯

③ 泉源公園

🏠登別市登別溫泉町泉源公園　☎0143-84-3311(登別觀光協會)　⏱自由參觀

　　泉源公園位於溫泉街的盡頭，**巧妙利用了地獄谷溫泉河川沿岸噴發的間歇泉而打造，讓遊客得以近距離體驗大自然的威力。**間歇泉每三小時會噴發一次，噴發時，泉水口冒出陣陣熱氣與白煙，隱約還可看見翻騰的溫泉水，伴隨著有如來自地獄般低吼的聲響，氣勢相當震撼！

④ 大湯沼川天然足湯

🏠登別市登別溫泉町　☎0143-84-3311(登別觀光協會)　⏱自由利用　💲免費

　　在「足湯入口」站下車後順著路往上走，通過「歡迎親子鬼像」不久即可抵達大湯沼川探勝步道的入口，而天然足湯就在步道入口的不遠處。走幾步即可看見飄著裊裊白煙的溪水，與林木間灑落的光影形成神秘的景象。用圓形木頭打造的足湯平台歡迎著旅客們，**只要脫掉鞋子就可以享受山林間最天然的溫泉，同時吸收芬多精的療癒能量**，散步的疲憊也一掃而空。

> 足湯為灰白色的硫磺泉，具有解毒的作用，對慢性皮膚病也很好。

小編激推

> 草木不生的鬼之棲息地。

地獄谷 ⑤

プル(登別溫泉纜車)

往🅿のぼりべつ クマ牧場→
（登別熊牧場）

⑤ 地獄谷

🏠登別市登別溫泉町　⏱自由參觀　🚫無(步道冬季會視積雪量而有封閉的可能性)　💲免費參觀

　　地獄谷是**直徑450公尺的火山噴發口遺址**，一整片山谷不但寸草不生，還不時的噴出白色煙霧，迷濛中帶有硫磺的特殊氣味。沿著步道可以繞行地獄谷一圈，由於山谷中無數的噴氣孔仍然不時噴出高溫氣體，行走其間的時候，請不要任意離開為遊客鋪設的人行步道，以免發生危險。

> 不僅自製的海鮮加工食品很受歡迎，生乳冰淇淋更是當地名物。

小編激推

⑥ 溫泉市場

🏠登別市登別溫泉町50　☎0143-84-2560　⏱商店：10:30~21:00，餐廳11:30~20:30　💲北海大だこ地獄漬(北海大章魚地獄漬)100g¥540　🌐www.onsenichiba.com

　　位於閻魔堂旁邊的溫泉市場，是一家主要販售生鮮海產的土產店。在此可以品嘗數十種美味的海鮮料理，海鮮丼、香辣的章魚「地獄漬」皆是必嘗首選。**不可錯過的還有自家製的生乳冰淇淋，原料使用伊達市森牧場出產的生乳，完全不含人工香料與防腐劑**，口味多樣，奶香純粹濃郁，甜筒裡還放了玉米片增加口感，已經成為旅客們到溫泉市場必吃的名物。

① 大黒屋プラザ

🏠 登別市登別温泉町76　☎ 0143-84-2019　🕐
11:00~21:00(6~9月及札幌雪祭間~20:00)　💰タ
コカツ(炸章魚排)￥200　🌐 www.d-plaza.biz

　　遠遠望去充滿歡樂氣息的大黑屋プラザ，
販售多種土特產，除了北海道的名菓、民藝
品，還有生鮮海產及農海產加工品。其中一項最特別的
是**現炸的章魚排，老闆使用登別近海捕獲的新鮮章魚
製作，切成丁狀的吸盤十分有咬勁**。此外也很推薦使
用登別牛乳做成的登別綿
滑布丁，優格般柔滑的質地
入口即化，濃郁的甜蜜奶
香滿布口中，底層的焦糖醬
與布丁漸漸融合，每一口
都有不同層次的風味。

> 現炸的手工
> 章魚排充滿
> 海的鮮味。

② 藤崎わさび園

🏠 登別市登別温泉町49　☎ 0143-84-2017　🕐
9:00~20:00(冬季不定)　💰 わさび昆布(山葵昆布絲)￥864
🌐 marufuji-wasabi.jp

　　從**大正四年(1915年)開始種植山葵**的藤崎山葵園
是當地的優質老店，歷經四代子孫傳承，堅持使用當地
汲取的山溪水來灌溉。從耕種、加工、製造到銷售一手
包辦的他們，對於品質管理非常重視。店內招牌商品是
「山葵漬物」，**不同於哇沙比通常給人的嗆辣印象，吃
起來很順口且香氣十足**。將昆布切絲醃漬的山葵昆布
也是人氣品項，淡淡的山葵香氣與昆布的鮮美海味完
美融合，無論配飯或用來增添料理風味都很適合。

> 山溪水孕育的在
> 地山葵逸品。

③ 望楼NOGUCHI登別

⊙登別市登別溫泉町200-1 ☎0570-026-570 ⑤一泊二食，雙人房約￥41,250起 ⊕www.bourou.com

結合現代設計理念與和式情懷的精緻空間裡，處處可見設計名家的巧思以及優雅的建築品味。**館內所有客室內皆附設展望溫泉風呂**，開闊舒適的室內空間加上讓人放鬆的獨享溫泉空間，可謂是休閒度假的極致享受。飯店所提供的餐點皆使用著重鮮度與健康的有機食材，透過料理人的精湛手藝所製作出的美味料理，更是讓人折服於其美妙滋味。

◎奧之湯

地獄谷◎

前往登別一日觀光的話也能選擇單純泡湯。

⑤ 第一滝本館

⊙登別市登別溫泉町55 ☎0143-84-2111 ⑤一泊二食，兩人一室每人約￥19,250起。日歸溫泉大人9:00~16:00￥2,250，16:00~18:00￥1,700。 ⊕www.takimotokan.co.jp

第一滝本館是**登別第一家溫泉旅館，也是北海道人氣最高的溫泉旅館之一**，寬闊得驚人的泡湯區可以遠眺地獄谷風景，室內和戶外湯池加起來共有35個池、多種不同泉質的溫泉，是名副其實的溫泉天國。

④ 玉乃湯

⊙登別市登別溫泉町162 ☎0143-84-3333 ⑤一泊二食，兩人一室每人約￥19,750起 ⊕www.tamanoyu.biz

乃家的別館玉乃湯位於溫泉街上，是間小巧溫馨的溫泉旅館，一進門即有親切的服務人員以滿滿笑容歡迎你。**別緻的客房乾淨舒適，營造像家一般的自在感覺**，此外，為了讓旅客能充分享受悠閒時光，玉乃湯特別將退房時間訂在中午11點。晚餐為獨具特色的圍爐會席料理，可以親自享受火烤的樂趣。晚上**在露天溫泉池中仰望滿天星空**，感受乳白色硫磺泉的療癒力，旅行的疲憊頓時一掃而空。

ブル(登別溫泉纜車)

往◐のぼりべつ クマ牧場→
（登別熊牧場）

⑥ 登別溫泉鄉
滝乃家

⊙登別市登別溫泉町162 ☎0143-84-2222 ⑤一泊二食，兩人一室每人約￥36,000起 ⊕www.takinoya.co.jp

從踏上滝乃家的玄關那一刻開始，即被這裡一股**濃濃的和風所包圍**著，舉凡放置在大廳、走廊上的精緻雕刻、室內典雅的裝潢色調、具歷史感的器物等，以及穿著和服、笑容可掬的服務人員，處處皆可見主人的品味與用心。而**利用地形所建的露天風呂，彷彿是遺世獨立的桃花源**，不但是北海道屈指可數的庭園式風呂，更提供了客人絕佳的隱蔽空間。

周長約40公里的長形湖泊被1000公尺的高山與樹林包圍著，湖水寬闊茫茫無邊，水波在山嵐間盪漾，充滿深山湖泊的寧靜氣氛。支笏湖周邊，不少地方都有溫泉，可以一邊眺望遼闊湖景，一邊悠閒泡湯。

24 支笏湖
しこつこ Shikotsuko

群山環繞湖水澄澈 溫泉水滑泡出誘人美肌

ACCESS
免費接送巴士「名湯ライナー」
「名湯ライナー(名湯liner)」只限冬季11~3月間營運，每日來回各1班，13:30從札幌駅北口出發，約15:00到丸駒溫泉，15:20左右抵達終點站支笏湖溫泉。回程則10:00從支笏湖溫泉出發，約11:45回到札幌駅北口。每人￥500，全車採預約制，最晚須於住宿前一天晚上6點前預約，若要預約的話，向住宿飯店申請即可。

為群山環繞的湖水四時皆美。

湖水渺無盡頭，狹長的湖面四周有群山圍繞，景致宜人。

小編激推

1 支笏湖
⌖千歲市支笏湖溫泉

天晴時為寶藍色的支笏湖，被樽前山、風不死岳、惠庭岳等群山環繞，為**日本最北的不凍湖**，最大深度363公尺位居日本第二(第一為秋田縣的田澤湖)，**湖水透明度則是日本第一**。夏季除了乘船遊湖外，也有各種水上活動可供選擇；到了秋季這裡則成為紅葉名勝地，滿山的繽紛紅黃與湖面倒影勾勒而成的景色，美不勝收。

2 支笏湖觀光船
⌖千歲市支笏湖溫泉　☎0123-25-2031　○4月中旬~11月上旬8:40~17:10(依季節而有所變動)　⑤水中遊覽船大人￥1,620、小學生￥830，一趟30分；高速艇1~3人搭乘時，10分鐘路線為￥5,000；鴨子船30分￥2,000　🌐www.shikotsu-ship.co.jp

支笏湖湖面呈狹長形，由較短的一岸遠望，湖水滄茫遼闊。**搭乘觀光船可近距離欣賞支笏湖的湖光山色，頗受泡湯遊客歡迎**。除了乘船遊湖外，也有許多豐富的水上活動，如6至8月開放的姬鱒湖畔垂釣及船釣(但有時可能會禁止)，以及夏季的獨木舟與潛水。

能夠光滑肌膚的美人湯。

3 支笏湖溫泉
⌖千歲市支笏湖溫泉

支笏湖溫泉的泉質為碳酸氫鈉泉(重曹泉)，據說有改善糖尿病、胃腸疾病的功效，而**碳酸氫鈉泉最知名的就是對皮膚有修補作用，能使肌膚嫩滑**，也因此被稱為美人湯。支笏湖的東側為支笏湖溫泉，支笏湖巴士站附近的旅館與民宿都有溫泉浴場，附近也有小型的商店街可以順道逛逛，而湖的北側與西北側則分別有季節限定的いとう溫泉與祕湯丸駒溫泉。

④ 支笏湖第一寶亭留 翠山亭

⌖千歲市支笏湖溫泉　☎011-598-5252　💲一泊二食，兩人一室每人約¥24,750起
🌐www.jyozankei-daiichi.co.jp/shikotsuko/

　支笏湖第一寶亭留 翠山亭全館只有29間客房，**外觀以和風摩登為基本調性，與四周自然景致調和**，進入館內，大方典雅的室內空間設計，加上大廳的大片落地窗與2樓的露天陽台，讓旅客在館內就能完全放鬆並感受自然風光。在這裡，除了可以享有多元化的大眾風呂外，也可選擇附有露天風呂的客房，享受專屬於自己的悠閒泡湯時光。

⑤ LOG BEAR

⌖千歲市支笏湖溫泉番外地　☎0123-25-2738
🕘9:00~22:00　🏠不定休

　支笏湖唯一的商店街上，有一家有著好咖啡與便宜住宿的民宿。**外觀是小木屋的LOG BEAR整間建築由主人親手搭建完成**，1樓為小巧的咖啡館，2樓則是僅有兩個房間的民宿，**溫馨的氣氛給人回家一樣的感覺。**

支笏湖冰濤祭

　支笏湖的冬祭稱為支笏湖冰濤祭，每年約於1月下旬至2月中旬舉行，為期10天左右，祭典內容有小朋友最愛的冰溜滑梯，還有化身為苔的洞門的冰之洞窟。每到夜晚，由湖水噴製而成的冰濤、巨型冰像和冰雕迷宮，配合五彩的霓虹燈光，將湖畔冬日妝點得夢幻迷離。

🕘約1月下旬~2月中下旬10:00~22:00 (夜間點燈16:30~22:00)，(煙火2023年取消)　🌐hyoutou-special.asia

北海道
Travel Information
旅遊資訊

北海道基本情報

北海道位於日本列島的最北方，總面積相當於2.5個台灣大，壯闊的自然景致與鮮明的四季，成為這裡吸引觀光客一遊再遊的誘因，再加上各季熱鬧繽紛的活動、豐富農牧漁產及各式美食，探索不盡的北國魅力深深地打動遊客的心。

時差
日本比台灣快一個時區，也就是台北時間加一小時。

氣候
◎春天(4、5月)
殘雪到4、5月都還看得見，因此感覺上春天只有短短不到1個月。4月溫差大，需注意防寒，5月開始回溫，道內的櫻花會爭相綻放。
◎夏天(6、7、8月)
6月的時候開始有草花盛開，最熱的時候在7~8月之間來臨，天氣熱的時候甚至會超過30度，需注意防曬。大部分的時候早晚仍然氣溫微涼，帶件薄外套比較保險。道東則一直維持微涼的天氣。
◎秋天(9、10、11月)
9月之後天氣驟然轉涼，北海道短暫的秋天來臨。大概10月中旬就開始覺得寒冷，初雪一般降於11月初。北海道山區9月下旬即開始進入秋天紅葉季節，平地的紅葉則要到約10月下旬才會轉紅。
◎冬天(12、1、2、3月)
約從12月開始積雪，在1、2月時雪最多，3月中旬開始慢慢融雪。雖然天氣寒冷，但由於室內都有暖氣，建議採洋蔥式穿衣法，大外套裡盡量不要穿得太厚。另外，防風衣物也請備齊，並準備防滑防水的鞋子，以免在結冰的馬路上滑倒。北海道冬天天氣乾冷，記得保濕；雪地中則注意防曬。

習慣
日本的一般商店街和百貨公司，除了特賣期間，通常都從早上11點左右營業到晚間7點到8點之間。行人行走方向是靠左行走，車輛行進方向也與台灣相反。而近來日本各處實行分菸制度，在公共場合都不可以吸菸，想吸菸必須要到有標識能吸菸的地方才行。

貨幣及匯率
匯率➔台幣1元約兌換日幣4.5圓(2023年10月)
通貨➔日幣￥。紙鈔有1萬圓、5千圓、2千圓及1千圓，硬幣則有500圓、100圓、50圓、10圓、5圓及1圓。

用餐
除了小餐館、路邊攤和投幣拿券式的拉麵店等小商家只能使用現金，大部份的地方可以刷卡(門口會有可否刷卡的標示)。一般店家都在店門附近擺放料理模型，可以按照模型選餐。不少大型居酒屋也都推出圖文並茂的菜單，讓不會日文的外國朋友可以按圖點餐。

購物
日本的大折扣季是在1月和7月，每次約進行1個半月的時間，跟台灣一樣愈折扣愈低，但貨色會愈來愈不齊全。1月因逢過年，各家百貨公司和商店都會推出超值的福袋。

消費稅／退稅
2022年再將退稅紙本電子化，無紙環保更輕鬆。同一天在同一間店、購買同一種類商品達日幣5,000以上方可享受退稅。不分一般品、消耗品，只要同一天在同一間店裡消費達日幣5,000以上、50萬以下，就可以享受退稅。

在日本使用(食用)。為防止退稅過後的物品在日本被打開,購物退稅後物品會裝入專用袋或箱子中,直到出境時才能打開。若是在日本就打開,出境時會被追加回稅金,需特別注意。

付款時便出示護照辦理。可以退稅的店家會張貼退稅標章,若不確定可口頭詢問是否有退稅服務。

購物時直接刷護照條碼,將紀錄傳輸到電子海關系統無紙E化!

有關新稅制詳細規定可洽官網:

🌐tax-freeshop.jnto.go.jp/eng/index.php

信用卡掛失

VISA信用卡國際服務中心→00531-44-0022
Master信用卡國際服務中心→00531-11-3886
JCB日本掛失專線→0120-500-544、81-3-6625-8379
美國運通日本掛失專線→03-3586-4757

手機通訊

台灣行動電話雖和日本系統不同,但目前3G、4G、5G手機皆可在日本漫遊。一般撥打方式在電話號碼前去0加上國碼即可,詳情請洽各家通訊業者。

電源

電壓100伏特,插頭為雙平腳插座。如果筆電的電源線為三個插座的話,記得要帶轉接頭,以免到日本後無法使用。

郵政

郵筒分紅、綠兩色,紅色寄當地郵件,綠色寄外國郵件(有些地區只有一個紅色郵筒兼收)。市區主要郵局開放時間,週一~五為9:00~19:00,週六為9:00~17:00。

航空明信片郵資日幣70圓,航空郵件郵資日幣90圓(限10公克以下,寄往亞洲國家,不包括澳洲、紐西蘭,10公克以上,每10公克加日幣60圓)。

台北駐日經濟文化代表處 札幌分處

遭遇到任何問題與麻煩,如護照遺失、人身安全等,皆可與代表處連絡。

🚇札幌地下鐵南北線さっぽろ駅3號出口徒步1分
🏢北海道札幌市中央區北4-4-1 伊藤大樓5樓
☎011-222-2930,急難救助行動 📞080-1460-2568
🕐週一~週五09:00~12:00、13:00~17:00

🏖日本國定假日、10月10日、農曆春節
國定假日

1月1日➤元旦	5月5日➤兒童之日
1月第2個週一➤成人之日	7月第3個週一➤海洋之日
2月11日➤建國紀念日	9月第3個週一➤敬老之日
2月23日➤天皇誕辰	9月22日或23日➤秋分之日
3月20日或21日➤春分之日	10月第2個週一➤體育之日
4月29日➤昭和之日	11月3日➤文化之日
5月3日➤憲法紀念日	11月23日➤勤勞感謝日
5月4日➤綠之日	12月29~31日➤年末休假

新千歲機場

位於札幌市區不遠處的新千歲機場,不僅是進出北海道的主要出入口,更是購物玩樂的天堂。新千歲機場於2011年大幅更新裝修後,入駐店數大幅增加,從原本約100出頭的數目,激增至近180間,尤其是2樓的伴手禮區與3樓的飲食區最為熱鬧。除了飲食、購物之外,還有好多好玩的地方,不管是要參觀巧克力的製作過程、與哆啦A夢遊玩、泡個舒服的湯,還是悠閒地看場電影,所有願望在這裡都能滿足。

🌐www.new-chitose-airport.jp/tw

北海道
Traffic Information
交通資訊

機場往市區

通常要玩北海道道央、道南一帶，主要的出入機場為新千歲機場。若是先玩其它日本的地區再轉接國內線的話，也可以選擇從函館進入。

搭乘JR列車

出發地	目的地	交通方式	乘車時間	價格
札幌	新千歲機場 (CTS)	札幌駅	JR快速エアポート（快速 airport）	37分	自由席 ¥1150
		小樽駅	JR快速エアポート（快速 airport）	約1小時20分	自由席 ¥1910

搭乘巴士

出發地	目的地	交通方式	乘車時間	價格
新千歲機場 (CTS)	札幌	中央巴士、北都交通	1小時20分	¥1100
	登別溫泉	國際線85號乘車處搭乘道南巴士「高速登別溫泉エアポート号」	1小時5分	¥1400
	支笏湖	國內線1‧28號、國際線85號乘車處搭乘中央巴士「[空4]支笏湖線」	55分	¥1050
	定山溪	國內線21號、國際線85號乘車處搭乘北都交通‧定鐵巴士「湯ったりライナー号」	1小時40分	¥1800
	千歲貨中心Rera	國內線30號、國際線98號乘車處搭乘接駁車	10分	免費
	新千歲機場帶廣、十勝川溫泉	國內線21號、國際線85號乘車處搭乘OBIUN觀光巴士‧北都交通「とかちミルキーライナー(十勝Milky Liner)」，預約制	帶廣：2小時30分、冬天2小時45分，十勝溫泉：3小時10分。	帶廣¥3800、十勝川溫泉：¥4300
函館機場 (HKD)	函館駅前	函館帝產巴士	30分	¥500

※夏季及冬季另有開往新雪谷的巴士，夏季由新雪谷巴士(ニセコバス)及中央巴士運行，冬季由道南巴士運行。

札幌往各主要城市

以札幌為起點的特急列車幾乎遍行北海道主要都市，再轉接巴士就可以進一步擴展旅途。

搭乘JR列車

出發地	目的地	交通方式	乘車時間	價格
札幌駅	小樽駅	快速「エアポート」等/1小時4班	32~40分	¥750
	登別駅	特急「スーパー北斗」等/1小時1~2班	1小時10~20分	¥4250
	洞爺駅	特急「スーパー北斗」、特急「北斗」/1天11班	1小時50分	¥5830
	函館駅	特急「スーパー北斗」、特急「北斗」/1天11班	3小時27~53分	¥8910

搭乘巴士

出發地	目的地	交通方式	價格	乘車時間	班次	預約
札幌	登別、室蘭、洞爺湖	高速むろらん号/中央巴士、道南巴士 路線：札幌駅前巴士總站—登別—室蘭觀光協會前	至登別¥1880 至室蘭¥2100	至登別1小時36分、至室蘭2小時30分	1天14班	不用
		道南巴士 路線：札幌駅前巴士總站—定山溪—留壽都渡假區—洞爺湖溫泉	¥2830	2小時40分	1天4班	不用
	小樽、新雪谷	高速おたる号(小樽號)/中央巴士、JR北海道巴士 路線：札幌駅前巴士總站—小樽駅前	¥680	1小時8分	5~20分1班	不用
		高速いわない号(岩內號)/中央巴士 路線：札幌駅前巴士總站—小樽駅前—余市—岩內巴士總站	¥2,020	2小時40分	1天16班	不用
		高速ニセコ号(新雪谷號)/中央巴士 路線：札幌駅前巴士總站—小樽駅前—俱知安—新雪谷	¥2,130	3小時8分	1天3班	不用
	函館	高速はこだて号(函館號)/中央巴士、道南巴士、北都交通 路線：中央巴士札幌總站—新函館北斗駅—函館駅前總站—湯の川溫泉	¥4900	5小時54分	1天8班(1班為夜行巴士)	要約

札幌交通實戰篇

　札幌市區內的景點以徒步的方式就可到達,像是從札幌車站到大通公園,走路約10分鐘,從大通公園走路到薄野(すすきの)也只要5~10分鐘的路程,相當便利。要到稍遠一點或是郊區景點,就一定得搭乘地下鐵、市電或是巴士前往。

札幌地下鐵與市內電車圖

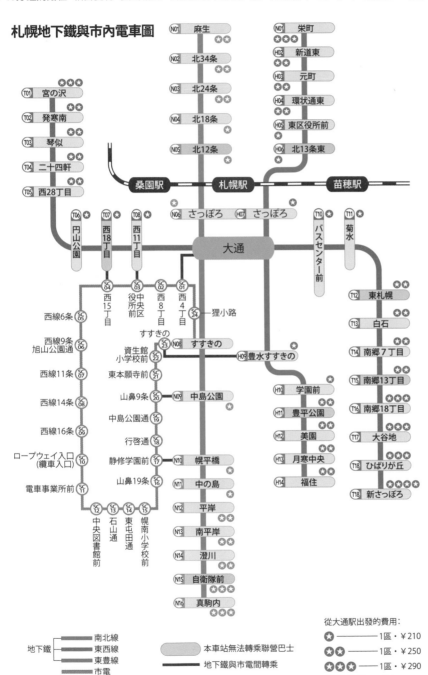

從大通駅出發的費用:
- ⭐ ————— 1區・¥210
- ⭐⭐ ———— 1區・¥250
- ⭐⭐⭐ ——— 1區・¥290
- ⭐⭐⭐⭐ —— 1區・¥330

地下鐵
- 南北線
- 東西線
- 東豐線
- 市電
- JR線

本車站無法轉乘聯營巴士
地下鐵與市電間轉乘

札幌市營地下鐵

　札幌市營地下鐵為全北海道唯一的地下鐵系統,也是札幌市區最便捷的交通工具,共分為南北線、東豐線與東西線等3條路線,這3條線交會於札幌市最熱鬧的大通駅,而東豐線、南北線和JR則交會於さっぽろ駅(札幌車站),轉乘地下鐵時只要循著路線代表色走即可,十分簡單便利。

　札幌地下鐵的班次並不十分密集,平日上下班尖峰時約4~5分鐘一班,其他時間則約7~10分鐘不等,各站間相距不遠,皆在1~3分鐘之間,而各線起始站及終點站的首班車、末班車的發車時間,則分別為6:00及24:00。

札幌市電

　札幌市電為札幌市交通局所營運的路面電車,在北海道就只有札幌及函館能見到這種今昔並存的懷舊景色。2015年底連接「西4丁目」到「すすきの」的都心線完工後,串連起僅存的4條線,也完成了環狀化工程。

　現存的市電車站皆位在札幌市中央區內,環狀化後,「西4丁目」站與「すすきの」站間新增了「狸小路」站,並將市電分為內、外線行駛,主要差別就在於新增的狸小路站,內外線的車站分別設在馬路兩側,若從地下鐵南北線轉乘,不需過馬路就可以從地鐵大通站、すすきの站徒步到外線的狸小路站。札幌市電的班次不是很密集,9:00~17:00間約7~8分一班車,平日上班尖峰時段「西4丁目」站~「西線16條」站間則約3分鐘一班車。另外,每站之間的乘車時間約為2~3分鐘。

SAPICA

　札幌市交通局從2009年開始發行的IC儲值卡,功能如同台北的捷運悠遊卡,在札幌地下鐵、市電及巴士皆可使用。使用SAPICA乘車或精算時皆能累積10%的點數,如乘車票價為￥280可累積28點的點數,1點可折抵￥1,下次搭乘時若累積的點數超過票價即可抵銷。此外,SAPICA也擁有電子錢包的功能,可以在札幌市內諸多商店使用,也用於円山動物園入園門票,現在可使用範圍漸漸擴及到周邊城市。

使用方式➜在感應區感應票卡即可,但餘額不滿￥10不能刷卡進站,出站時餘額不夠扣的話,需先精算後才能出站。

哪裡買➜有SAPICA圖案的自動售票機、定期券販售處

價格➜￥2000,可使用￥1500,其中￥500為押金。

IC卡相互利用

　自2013年6月22日起,在SAPICA可利用的區間內,也可以使用「Kitaca」、「Suica」、「PASMO」、「manaca(マナカ)」、「TOICA」、「PiTaPa」、「ICOCA」、「はやかけん」、「nimoca」、「SUGOCA」車票。SAPICA則尚未納入相互利用的系統中,因此不能在上述車票的原有區間使用。

🔖 北海道鐵路周遊券

　JR北海道針對外國旅客推出北海道鐵路周遊券,提供了連續3日、5日、7日和任選4日的JR全線自由搭乘。划算的程度讓人想大嘆!當外國人真是太好啦!

　這項特別為短期旅遊的外國旅人準備的票券,必須具備「短期滯在」(在日停留90天內)的身分才能購買,並且僅限本人使用。可以自由搭乘的範圍,包括JR北海道鐵路全線以及部分的JR北海道巴士(行駛於札幌市區內及小樽至札幌的JR北海道巴士),普通車的票券只要事先劃位也可以搭乘指定席。其中3日券、5日券和7日券,一旦開始使用之後就必須連續計算日期,任選4日暢遊券則提供了10天之內任選4天的彈性選擇。另外,使用北海道鐵路周遊券在不同的景點以及在JR租車時,還可享有不同的優惠。

函館交通實戰篇

　函館市區的交通網十分簡單,簡單的函館市電就能夠跑完大部份的景點,若你腳力不錯,甚至可以用漫步的方式穿梭在各大景點之中。若想要跑遠一點,只要弄清楚較為麻煩的巴士資訊,一定能在函館輕鬆遨遊!

函館市電

　函館最主要的市內交通方式是充滿復古情調的路面電車「函館市電」,主要觀光景點如函館山夜景、元町、金森紅磚倉庫群、五稜郭和湯の川溫泉等都位在市電站可以步行抵達的範圍。市電的車資依距離決定,單程￥210~260,對觀光客而言,最方便的選擇應該是市電一日乘車券,可於市電內、函館市駅前觀光案內所等多處購買,大人￥600、小孩￥300就可以放心搭乘一整天,還可享合作店家的消費優惠。

★函館市企業局交通部
☎0138-32-1730
🌐www.city.hakodate.hokkaido.jp/bunya/hakodateshiden/

◎箱館ハイカラ號

　1993年開始運行的函館ハイカラ號,每年行駛期間約為4月中旬~10月,復古的外觀與內部,還有穿著復古的駕駛與車掌,讓這輛車深受觀光客以及函館市民喜愛。此外,箱館ハイカラ號在發車時會敲鐘而發出「チンチン(叮叮)」聲,此為車掌向駕駛傳達「可以出發了」的訊息。想要一窺其面貌的話,出發之前要先查好時刻表以及運休日才不會撲空喔。

🌐haikarago.jp

函館巴士

　市內大部分的景點以市電連接,但若是到特拉皮斯女子修道院,則需轉乘函館巴士。此外,季節推出的各車次如函館浪漫號、函館山登山巴士等也十分便利,可善加利用。

☎0138-51-3135
🌐www.hakobus.co.jp

◎市電‧函館巴士共通乘車券

　若預計一天內會多次搭乘市電及巴士,推薦可以購買這張乘車券,函館渡輪總站、五稜郭塔、特拉皮斯女子修道院皆在巴士可利用的乘車範圍之內,1日券￥1000、2日券￥1700。

函館市電路線圖

市電轉乘站　　　　2 號系統
巴士轉乘站　　　　5 號系統
設有無障礙坡道

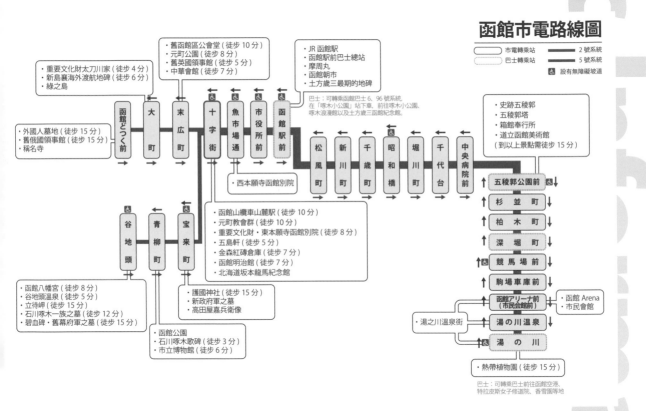

・重要文化財太刀川家（徒步 4 分）
・新島襄海外渡航地碑（徒步 6 分）
・綠之島

・舊函館區公會堂（徒步 10 分）
・元町公園（徒步 8 分）
・舊英國領事館（徒步 5 分）
・中華會館（徒步 7 分）

・JR 函館駅
・函館駅前巴士總站
・摩周丸
・函館朝市
・土方歲三最期的地碑

巴士：可轉乘函館巴士 6、96 號系統
在「啄木小公園」站下車，前往啄木小公園、
啄木浪漫館以及土方三函館紀念館。

・外國人墓地（徒步 15 分）
・舊俄國領事館（徒步 15 分）
・稱名寺

函館どつく前→　大町→　末広町→　十字街→　魚市場通→　市役所前→　函館駅前

・西本願寺函館別院

松風町→　新川町→　千歲町→　昭和橋→　堀川町→　千代台→　中央病院前

・史跡五稜郭
・五稜郭塔
・箱館奉行所
・道立函館美術館
（到以上景點需徒步 15 分）

・函館山纜車山麓駅（徒步 10 分）
・元町教會群（徒步 10 分）
・重要文化財・東本願寺函館別院（徒步 8 分）
・五島軒（徒步 5 分）
・金森紅磚倉庫（徒步 7 分）
・函館明治館（徒步 7 分）
・北海道坂本龍馬紀念館

谷地頭　青柳町　宝来町

・護國神社（徒步 15 分）
・新政府軍之墓
・高田屋嘉兵衛像

・函館八幡宮（徒步 8 分）
・谷地頭溫泉（徒步 5 分）
・立待岬（徒步 15 分）
・石川啄木一族之墓（徒步 12 分）
・碧血碑・舊幕府軍之墓（徒步 15 分）

・函館公園
・石川啄木歌碑（徒步 3 分）
・市立博物館（徒步 6 分）

五稜郭公園前↓
杉並町↓
柏木町↓
深堀町↓
競馬場前↓
駒場車庫前↓
函館アリーナ前（市民会館前）
湯の川溫泉
湯の川

・函館 Arena
・市民會館

・湯之川溫泉街

・熱帶植物園（徒步 15 分）

巴士：可轉乘巴士前往函館空港、
特拉皮斯女子修道院、香雪園等地

「北海道新幹線」開通

　　從2005年動工，經過11年後，北海道新幹線終於在2016年3月26日開通函館到青森之間的路線，這段約149公里的路線串聯起青森與道南地區，也讓一次玩遍青森與道南，或是從東北衝上北海道，成為最新的旅遊風潮。

國家圖書館出版品預行編目資料

北海道：札幌函館地圖隨身GO. 2024-2025/墨刻
編輯部作. -- 初版. -- 臺北市：墨刻出版股份有限公
司出版：英屬蓋曼群島商家庭傳媒股份有限公司城
邦分公司發行, 2023.11
144面；18.3×24.2公分
ISBN 978-986-289-937-3(平裝)
1.CST: 旅遊 2.CST: 旅遊地圖 3.CST: 日本北海道
731.7909   112016816

墨刻整合傳媒廣告團隊

提供全方位廣告、數位、影音、代編、出版、行銷等服務
為您創造最佳效益

歡迎與我們聯繫：mook_service@mook.com.tw

北海道：札幌函館 2024~2025

no.081 MOOK

作者
墨刻編輯部

攝影
墨刻攝影組

編輯
陳瑋玲・陳楷琪

美術設計
駱如蘭 (特約)・李英娟

地圖美術設計
墨刻編輯部

出版公司
墨刻出版股份有限公司
地址：台北市104民生東路二段141號9樓
電話：886-2-2500-7008
傳真：886-2-2500-7796
E-mail：mook_service@cph.com.tw
讀者服務：readerservice@cph.com.tw
墨刻官網：www.mook.com.tw

發行公司
英屬蓋曼群島商家庭傳媒股份有限公司城邦分公司
地址：台北市104民生東路二段141號2樓
電話：886-2-2500-7718   886-2-2500-7719
傳真：886-2-2500-1990   886-2-2500-1991
城邦讀書花園：www.cite.com.tw
劃撥：19863813
戶名：書虫股份有限公司

香港發行所
城邦(香港)出版集團有限公司
地址：香港九龍九龍城土瓜灣道86號順聯工業大廈6樓A室
電話：852-2508-6231
傳真：852-2578-9337

馬新發行所
城邦(馬新)出版集團 Cite (M) Sdn Bhd
地址：41, Jalan Radin Anum, Bandar Baru Sri Petaling, 57000
Kuala Lumpur, Malaysia.
電話：(603)90563833
傳真：(603)90576622
E-mail：services@cite.my

製版・印刷
凱林彩印股份有限公司

經銷商
聯合發行股份有限公司（電話：886-2-29178022）
誠品股份有限公司
金世盟實業股份有限公司

城邦書號
KA2081

定價
360元

ISBN
978-986-289-937-3・978-986-289-939-7（EPUB）
2023年11月初版

首席執行長   Chief Executive Officer
何飛鵬   Feipong Ho

生活旅遊事業總經理暨墨刻出版社長   PCH Group President & Mook Managing Director
李淑霞   Kelly Lee

總編輯   Editor in Chief
汪雨菁   Eugenia Uang

資深主編   Senior Managing Editor
呂宛霖   Donna Lu

編輯   Editor
趙思語・唐德容・陳楷琪・王藝霏
Yuyu Chew, Tejung Tang, Cathy Chen, Wang Yi Fei

資深美術設計主任   Senior Chief Designer
羅婕云   Jie-Yun Luo

資深美術設計   Senior Designer
李英娟   Rebecca Lee

影音企劃執行   Digital Planning Executive
邱茗晨   Mingchen Chiu

資深業務經理   Senior Advertising Manager
詹顏嘉   Jessie Jan

業務經理   Advertising Manager
劉玫玟   Karen Liu

業務專員   Advertising Specialist
程麒   Teresa Cheng

行銷企劃經理   Marketing Manager
呂妙君   Cloud Lu

行銷企劃專員   Marketing Specialist
許立心   Sandra Hsu

業務行政專員   Marketing & Advertising Specialist
呂瑜珊   Cindy Lu

印務部經理   Printing Dept. Manager
王竟為   Jing Wei Wan

U0021362